自我覺察 × 避免主觀 × 轉換話題 × 接受失誤，把脾氣調成靜音，別被一時的壞心情毀壞溝通！

樂律

陳江 著

EQ 演化論

先「認識自己」才能走出情緒困境

EQ Evolution Theory

學會掌控情緒，成為高 EQ 的自我管理專家
注意說話分寸，用同理心打造和諧人際關係
讀懂周遭空氣，輕鬆化解生活中的所有難題

當你被某人的言論攻擊了，該反脣相譏還是默默隱忍？
其實兩種都會落人話柄，一起鍛鍊 EQ 巧妙奪回話語權！

目 錄

上篇
EQ 高，就是控制好自己的情緒，讓人相處舒服

第一章　發現 EQ ──
EQ 就是管理自我情緒，與他人相處的能力 …… 006

第二章　了解自我 ──
高 EQ 者是自我覺知型的人 ………………… 042

第三章　管理自我 ──
能掌控自己情緒的人，跟誰都能處得來 ………… 073

第四章　激勵自我 ──
喚醒最好的自己，人格魅力迸發影響力 ………… 101

目錄

下篇
EQ 高，就是有分寸感、會說話，讓人交流舒服

第五章　辨識他人情緒──
所謂 EQ 高，就是會察言、會觀色、會讀人 ····· 126

第六章　最高的 EQ 叫自有分寸──
掌握好說話火候，不讓人難堪 ···················· 171

第七章　EQ 高就是會說話──
說話讓別人舒服的程度，決定你成功的高度 ····· 208

上篇
EQ 高，就是控制好自己的情緒，讓人相處舒服

　　EQ 高不是說只關注別人，或者只關注自己，而是關注「我們」，所以，在人際關係中，EQ 其實是一個合作的態度。

　　一個人在情緒管理方面，能夠自我調整；在情感表達方面，能夠對自己負責，懂得把脾氣調成靜音模式，不動聲色地收拾生活，這就是真正的高 EQ。

上篇　EQ 高，
就是控制好自己的情緒，讓人相處舒服

第一章　發現 EQ ——
EQ 就是管理自我情緒，
與他人相處的能力

與人相處就是和自己的情緒相處

為什麼我常常情緒失控，遇到不順心的事就亂發脾氣？

為什麼當主管質疑我的時候，我會跳起來，甚至覺得自己懷才不遇想要辭職？

為什麼我的約會邀請女神不接受？

為什麼同樣的產品，同事提成百萬，我卻總是賣不出去？

為什麼我一開口朋友就「開躲」，不願意跟我說話的人越來越多？

……

這些全部關乎 EQ。

在智商過剩的 21 世紀，人與人之間的競爭實質上就是 EQ 的比拚：誰的 EQ 高，誰就更容易受到主管及客戶的青睞；誰的 EQ 高，誰就搶占更多的人脈資源與潛在機會。所以，對於我們每一個人來說，EQ 的高低通常就是人生成功與否的

第一章　發現 EQ
——EQ 就是管理自我情緒，與他人相處的能力

關鍵因素。

我們經常所說的 EQ 到底是什麼呢？EQ 是一個人自我情緒管理以及管理他人情緒的能力指數，主要是指人在情緒控制、情感表達、耐受挫折等方面的特質。從最簡單的層次上下定義，EQ 就是管理自我情緒，與他人相處的能力。

EQ 高低可以透過一系列的能力表現出來。「EQ 之父」丹尼爾・高曼和其他研究者認為，EQ 是由以下五大能力構成的：

第一，了解自我 —— 監視情緒時時刻刻的變化，能夠察覺某種情緒的出現，觀察和審視自己的內心感受；它是 EQ 的核心，只有認識自己，才能成為自己生活的主宰。

第二，管理自我 —— 調控自己的情緒，使之適時適度地表現出來，即能夠安撫自己，擺脫焦慮、憂鬱、悲傷等不良情緒，即使遇到大的挫折，也能迅速調整自己的狀態。

第三，激勵自我 —— 調動、指揮情緒的能力，即能夠勇敢面對困難，堅持信念，勇往直前，它能使人走出生命中的低潮，重新出發。

第四，辨識他人情緒 —— 富有同理心，能夠透過細微的社會訊號敏感地體會到他人的情緒與立場，察覺到他人的需求與欲望，這是與他人正常交往，實現順利溝通的基礎。

第五，處理人際關係 —— 調整自己與他人的情緒反應的

上篇　EQ 高，
　　　就是控制好自己的情緒，讓人相處舒服

技巧，是獲得成功與幸福的必要因素。

可見，EQ 高不是說只關注別人，或者只關注自己，而是關注「我們」。所以，在人際關係中，EQ 其實是一個合作的態度。

網路上有這樣一個故事：

杉杉其實是個很可愛的女孩子，可是就在她那看似可愛文靜的外表下，卻埋藏著她的臭脾氣壞情緒，稍有些不順意的事，她張口就來，能把一個人說得一無是處，臉色蒼白。

而杉杉的男友阿森呢，又是個比較固執理性的工科男。

當一個脾氣大又彆扭的女孩遇上了一個固執且蠻理性的男友時，這摩擦出來的氣煙火花肯定是不小的，要麼彼此足夠體諒著，要麼彼此相互彆扭著。

有一次，兩人因為一點事鬧起了矛盾，在大馬路上就吵得不可開交，指手畫腳、唾沫橫飛。

看阿森遲遲沒有跟自己低頭認錯，杉杉直接就跟阿森甩口而出：「那行啊，我今天可算是看清你了，你什麼都不用說了，分手吧！」

阿森聽到杉杉這話，本來就覺得在無理取鬧的人是她，又一直不聽自己講了什麼，只要自己低頭跟她認錯才肯罷休，自己也算忍了她不少的了，結果她還振振有詞的樣子，簡直就讓阿森受不了：「好啊，分就分，妳別後悔就行，有什麼大不了的啊⋯⋯」

第一章　發現 EQ
——EQ 就是管理自我情緒，與他人相處的能力

說罷，兩人就轉身而去，背道而馳，漸行漸遠。

這一次衝動且充滿情緒化的爭吵，最後還是為他們的感情畫上了句號。

其實，在大多數人看來，杉杉和阿森因為芝麻綠豆般的小事爭吵不休而分手，兩人在這件事的處理上都存在著問題。在情緒管理方面，他們做不到自我調整，因為一點小事就吵得不可開交；在情感表達方面，又做不到對自己的話負責，「分手」兩個字脫口就出。所以，兩個人分開不過是早晚的事。

有句話說得對，「人不是靠心情活著，而是靠心態活著」，所以，我們要學會控制好自己的情緒，與自己的情緒友好相處。

當有情緒時，我們首先要學著接受這個有情緒的自己，允許自己難過、傷心或者憤怒等。然後，我們可以選擇在自己房間安靜地待會兒，好好回想最近有關的事情，找到令自己難過、傷心或憤怒的根源。最後，給自己心理暗示：「我接納你，無條件地接受這樣的有著壞情緒的自己」，使心情慢慢趨於平靜。

冷靜下來之後，我們再分析這些導致自己此刻情緒不好的事情背後心理層面的原因，找出自己性格上或心理上潛藏著的你平時未注意到的性格上的弱點，看清楚自己內在到底

上篇　EQ 高，
就是控制好自己的情緒，讓人相處舒服

發生了什麼事情，這是令自己幸福快樂的關鍵，也是自由解脫的唯一路徑。

華語世界首席身心靈暢銷書作家張德芬老師曾說過：「覺察和自省是一切成長的開始，謙卑和感恩是解決一切問題的萬靈丹。」並舉例如下：

有一次我和一個閨蜜有了爭執，在過程中，我一反常態地沒有生氣、反唇相譏，反而是耐著性子聽她罵我，跟她道歉，因為她在那個當下脾氣上來了，無法說理。然而心高氣傲的我，平常是不會接受別人這種無理謾罵的行為的。我當時允許自己的小我被縮減，看著自己胸腔內翻騰的各種情緒，但不發作。很奇怪，事情過後，我發現，另外一個困擾我多時的感受（與她毫不相關的）居然也就放下了。

張德芬老師突然頓悟：「當你接受小我受打擊、不去壯大它，允許它被縮減的時候，你的整體生命的品質都會提高，困難也容易解決。」為什麼呢？「因為所有生命的困境，幾乎都和小我求生存、要面子、求存在感有關。如果在一件事情或是一個層面上，你允許小我被打擊、縮減，那麼其他層面的問題你不需要去做什麼，就會出現改變。」

越來越感受到情緒的力量，甚至覺得「認識自己的情緒、管理自己的情緒、體察他人的情緒」似乎就是整個人際關係的軸心。情緒處理得好，可以將阻力化為助力，令工作或事情變得得心應手；情緒若處理得不好，便容易產生一些

第一章　發現 EQ
——EQ 就是管理自我情緒，與他人相處的能力

非理性的言行舉止，誤事受挫，甚至違法亂紀。很多時候，與人相處就是和自己的情緒相處。

為壞脾氣買單，太貴！

人的情緒感受是無時無處不在的，相信每個人都曾有過莫名其妙被某種情緒所侵襲的感受。這些情緒感受既包括積極的情緒感受，也包括消極的情緒感受，並不是所有情緒都是對人的行為有利的。所以，認識情緒，進而管理情緒，就成為我們必須正視的課題。

《牛津英語詞典》上寫道：「情緒是心靈、感覺、情感的激動或騷動，泛指任何激動或興奮的心理狀態。」簡單來說，情緒是一個人對所接觸到的世界和人的態度以及相應的行為反應，就是快樂、生氣、悲傷等心情，它不只會影響我們的想法和決定，更會激起一連串的生理反應。

我們可以將情緒大致分為愉快和不愉快兩種感受：

- 愉快的情緒感受包括喜悅、快樂、積極、興奮、驕傲、驚喜、滿足、熱忱、冷靜、好奇心和如釋重負等。
- 不愉快的情緒感受有失望、挫折、憂鬱、困惑、尷尬、羞恥、不悅、自卑、愧疚、仇恨、暴力、譏諷、排斥和輕視等。它們又可細分為合理的情緒和不合理的情緒。

上篇　EQ 高，
就是控制好自己的情緒，讓人相處舒服

　　快樂、激動、悲傷、恐懼、憤怒、害怕、擔心、驚訝等感覺，共同構成了人豐富多彩的情緒生活。人活著，就免不了感受這些情緒。情緒左右了人類無數的決定和行為，無論是對我們的學習經驗，還是社會適應能力，情緒都扮演著非常重要的角色。

　　由上可見，情緒是因多種情感交錯而引起的一連串反應，與環境有著密不可分的互動關係，它並不是理智可以呼之即來、揮之即去的。

　　1960 年代早期，美國一位很有才華、曾經做過大學校長的人競選美國中西部某州的議會議員。此人資歷很高，又精明能幹、博學多識，非常有希望贏得選舉的勝利。

　　但是，有一個謊言卻在此時散布開來──3 年前，在該州首府舉行的一次教育大會中，他跟一位年輕的女教師有一點「曖昧」的行為。這只不過是一個很小的謊言，但這位候選人卻不能控制自己的情緒，對此感到非常憤怒，並竭力想為自己辯解澄清。由於按捺不住對這一惡毒謠言的怒火，在往後的每一次集會中，他都要站起來極力澄清事實，以證明自己的清白。

　　其實，大部分選民根本沒有聽到或過多地注意到這件事，但現在人們卻越來越相信有那麼一回事了。有些人甚至振振有詞地反問：「如果你真的是無辜的，為什麼要百般為自己狡辯呢？」

第一章　發現 EQ
——EQ 就是管理自我情緒，與他人相處的能力

如此火上澆油，使這位候選人變得更加氣急敗壞。他聲嘶力竭地在各種場合中為自己辯白，譴責謠言的傳播者。然而，這卻更使人們對謠言信以為真。最悲哀的是，連他的太太也開始轉而相信謠言了，夫妻之間的親密關係消失殆盡。

最後，他在選舉中敗北了，從此一蹶不振。

這位候選人為自己在公開場合的情緒失控付出了如此高的代價。雖然他的智商很高，但很明顯，他暴躁易怒，容易情緒化，EQ 太低，他不懂得 EQ 是一種表達和控制情緒的藝術。

EQ 高，代表著情感管理的能力強，人際關係和社會適應力也比較好。反過來說，EQ 低，就代表一個人常常會陷入大悲大喜之中，因為憂鬱而一事無成，或者是脾氣暴躁無常，常出現暴力行為，人際關係就容易緊張，社會適應力也較差。

比如：你可能會因為馬上要進行一次很重要的公開講話而緊張不已，生怕出差錯。如果你一直讓自己陷入這種恐慌的情緒中，毫無疑問，你的這次演講肯定沒有條理，亂講一通。

如果你意識到自己一直陷於這種緊張之中並不能改變什麼，並且你開始試著控制自己的情緒，靜下心來分析緊張產生的原因，尋找解決的方法，也就是說，你開始控制自己不良的情緒，那麼，當你知道自己為什麼會害怕、會緊張、會

上篇　EQ 高，
　　　就是控制好自己的情緒，讓人相處舒服

恐懼之後，就不會感覺那麼緊張了。

　　一個人在生活中經常會遇到種種不如意，有些人會因此大動肝火，結果把事情搞得越來越糟。而有些人則能很好地控制住自己的情緒，泰然自若地面對各種刁難，在生活中立於不敗之地。

　　情緒人人都有，但處理方法的不同可能會導致不一樣的結果。經常情緒良好的人，必定也是一個好人緣、幸福、有成就的人；如果放縱或餵養壞情緒，最後的結果是傷己、傷人、傷心、傷身。為了更好地適應社會，取得成功，你有必要控制自己的情緒，理智客觀地對待所有問題。

把脾氣調成靜音，不動聲色地解決問題

　　一個成功的人必定是有良好控制能力的人，無論在工作中還是在生活中，面對不同的環境、不同的對手，有時候採用何種手段已不太重要，而控制好自己的情緒卻至關重要。

　　在法庭上，律師拿出一封信問洛克斐勒：「先生，你收到我寄給你的信了嗎？你回信了嗎？」

　　「收到了！」洛克斐勒回答他，「沒有回信！」

　　律師又拿出二十幾封信，一一詢問洛克斐勒，而洛克斐勒都以相同的表情，一一給予相同的回答。

　　律師控制不住自己的情緒，暴跳如雷並大吼大叫。

第一章　發現 EQ
——EQ 就是管理自我情緒，與他人相處的能力

最後，法官宣布洛克斐勒勝訴！因為律師情緒的失控讓自己亂了章法。

怒火是虛弱的前奏，是「我沒轍了」的另一種表現，解決不了任何實質問題，卻燒光了你的清醒和記憶體，燒壞了別人對你的信任。所以，對方越是煩躁，我們越是要沉著冷靜，克制情緒，學會冷處理。我們要學著做情緒的主人，而不是淪為情緒的奴隸。

當然，控制情緒並不是說要把自己改裝成沒有情緒逆來順受的慫包，過度壓抑只會適得其反，給自己和他人造成傷害。良好的控制自我就是不要凡事都情緒化，任由情緒發展，而是要適度控制，懂得把脾氣調成靜音模式，不動聲色地解決問題。

有一次，著名作家哈里斯和他的朋友在地攤買報紙，朋友很禮貌地對老闆說了一聲謝謝，但對方卻面無表情，一語不發。

「那傢伙的態度可真是太差了！」哈里斯憤憤地說道。

朋友回道：「他總是這樣的。」

「那你為什麼還對他如此客氣，還每天買他的報紙？對於這種不講禮貌的人，我們大可不必如此。」

朋友卻說：「哦不，我可不要讓他來決定我的情緒。」

上篇　EQ 高，
就是控制好自己的情緒，讓人相處舒服

　　的確，對於一個心智成熟的人來說，總是會將自己的情緒掌控在自己的手中，而不是把它交到別人的手裡，為別人的錯誤代言。只有這樣，才不會因為情緒失控而做出失去理智的事情。

　　1960 年，著名心理學家沃爾特・米歇爾在史丹佛大學的幼稚園進行了這樣一個實驗。

　　一群兒童依次走進一個空蕩蕩的房間，在房間最顯著的位置，米歇爾教授為每個孩子放了一顆軟糖。

　　接下來，測試老師對每一個孩子說：「誰能堅持到老師回來時還沒把這顆軟糖吃掉，誰就可以得到另外一顆軟糖作為獎勵。但是，如果老師還沒回來你就把糖吃掉的話，你就只能得到這一顆糖了。」

　　實驗結果發現，有些孩子自我控制能力差，老師不在，又受不了糖的誘惑，就把糖吃掉了。而另外一些孩子，則牢牢記住了老師的話，認為自己只要堅持一會兒，就可以得到兩顆糖，於是，他們盡量克制自己。他們並非不愛吃糖，卻努力地轉移自己的注意力，他們有的唱歌，有的蹦蹦跳跳，有的乾脆離開座位到旁邊去玩，堅持不看那顆軟糖，一直等到老師回來。就這樣，他們得到了獎勵 —— 第二顆軟糖。

　　研究者把孩子分成兩組：能夠抵擋住誘惑、堅持下來得到兩顆軟糖的孩子和不能堅持下來只得到一顆軟糖的孩子，並對他們進行了長期的追蹤調查。

第一章　發現 EQ
——EQ 就是管理自我情緒，與他人相處的能力

結果發現，長大後，那些只得到一顆糖的孩子普遍沒有得到兩顆糖的孩子取得的成就大。這就說明，凡是小時候缺乏控制力的，無論他的智商如何高，其成功的機率都很小；反之，那些小時候便能很好地控制自己，尤其能夠透過轉移注意力來控制自己的孩子，往往能夠更好地掌握自己的人生。

由此看來，在決定人生成敗方面，人的心理素養的作用常常超過智力因素。一個高 EQ 的人，是一個能夠成熟地控制自己情緒和情感的人，同時他也就具備了調節別人情緒的能力。

想要控制情緒，就需要先了解情緒。情緒具有兩極性，比如：積極和消極的情緒、緊張和輕鬆的情緒、激動和平靜的情緒等。

積極和消極的情緒是情緒兩極性的典型表現。積極、愉快的情緒會激發人們工作的熱情和潛力，使人充滿信心，努力工作；消極的情緒如悲傷、鬱悶等，消極情緒若不適時疏導，輕則敗壞情致，重則使人走向崩潰。

對於人來說，同一種情緒也可能同時具有積極和消極的作用。比如：恐懼會使人緊張，抑制人的行動，減弱人的正常思維能力，但同時也可能調動他的潛力，促使他向危險挑戰。

上篇　EQ 高，
就是控制好自己的情緒，讓人相處舒服

緊張和輕鬆是情緒兩極性的另一種重要的表現。緊張總是在一定的環境和情景下發生，比如客觀情況賦予人需要的急迫性、重要性等，人們在這種時候就極易產生緊張情緒。當然，緊張也決定於人的心理狀態，比如腦力活動的緊張性、注意力的集中程度、活動的準備狀態等。

通常情況下，緊張能對人活動的積極狀態產生顯著的影響。它能引起人的緊迫活動，產生對活動有利的一面。但過度的緊張則可能使人產生厭惡、抑制心理，並導致其行為的瓦解和精神的疲憊，甚至崩潰。

情緒的兩極性還可以表現為激動和平靜。爆發式的激動情緒強烈而短暫，如狂喜、激憤、絕望等。而平靜的情緒狀態在人們的日常生活中占據著主導地位，人們就是在這種狀態下從事持續的智力活動的。

通常情況下，情緒的兩極性表現為肯定和否定的對立性質：比如滿意和不滿意、愉快和悲傷、愛和憎等。而每兩種相反的情緒之間又存在著許多程度上的差別，具體表現為情緒的多樣化形式。

作為情緒兩極性的一種表現方式，情緒的強弱變化也異常明顯。它經常呈現出從弱到強或由強到弱的變化狀態，比如從微弱的不安到強烈的激動、從暗喜到狂喜、從微慍到暴怒、從擔心到恐懼等。情緒變化的強度越大，自我受情緒影

第一章　發現 EQ
——EQ 就是管理自我情緒，與他人相處的能力

響的趨向就越明顯。

雖然兩種情緒處於明顯的兩極對立狀態，但它們仍可以在同一事件中同時或相繼出現。例如：兒子在保衛國家的戰爭中犧牲了，父母既感受著英雄為國捐軀的榮譽感，又深切感受著失去親人的悲傷。

能否很好地掌握自己的情緒，這是一個人 EQ 高低的主要表徵之一。只有管理好自己的情緒，才能發揮其積極作用。快樂生活，快樂工作，這是情緒管理的目標。

聰明的人一定會提供良好的情緒價值

老婆明天晚上要去參加公司聚會，因為吃完飯還要去 KTV 唱歌，所以不能帶孩子，而且要很晚才能到家。所以她說：「老公，你明晚能搞得定嗎？」

老公說：「妳不用管那麼多，我搞定就行了。」

老婆立刻不高興了，老公也馬上意識到自己的話有問題。他明明是想表達：「老婆，妳儘管放心去吧，好好玩，孩子吃喝睡覺什麼的我都可以搞定。」多麼有擔當的老公，卻被老婆誤解了，委屈不委屈？

其實，一點也不委屈。因為他明明可以好好說話，讓對方的興奮度和期望值更高一點，卻給對方澆了一盆冷水，讓對方的興致全無。如果老公換一種表達方式，如：「老婆，難得一

上篇　EQ 高，
就是控制好自己的情緒，讓人相處舒服

次聚會，要好好放鬆放鬆，多拍些照片回來。家裡有我這個奶爸呢，照顧孩子妥妥的。」那麼，我想雙方都會彼此愉悅。

透過這個小小的生活場景，大家會發現，兩個人在溝通時，說話方式和說話情緒完全可以影響到對方。這讓我想到了最近在網路上新學到的、有不少商界大咖在演講中都提到的一個詞 —— 情緒價值。

簡單來說，情緒價值就是一個人影響他人情緒的能力。一個人越能給其他人帶來舒服、愉悅和幸福的情緒，他的情緒價值就越高；一個人總讓其他人產生彆扭、生氣和難堪的情緒，他的情緒價值就低。

高情緒價值是一種人格魅力，人們都喜歡跟積極向上、充滿正能量且能讓自己感到愉悅的人交往。相反，那些天天抱怨、動不動就「抓狂」的滿滿負能量的人情緒價值太低，我們總是能躲多遠就躲多遠，跟他們在一起時感覺自己都跟著不好了。

現如今，一點小事就生氣、一言不合就發飆、情緒無常的人不在少數，有話不會好好說，總是莫名其妙地讓身邊人「掃到颱風尾」。

所以，不想友情的小船說翻就翻，更不想愛情的巨輪說沉就沉，就向下文中的安迪學習，努力提高自己的「情緒價值」吧！

第一章　發現EQ
——EQ就是管理自我情緒，與他人相處的能力

安迪的男朋友是一個很懶的人，就算屋子已經亂到沒有下腳的地方，也絕對不會收拾。朋友們提意見，他還會不耐煩地反駁：「能不能好好聊天了！我不是住得好好的？」

在幾次溝通無效後，安迪換了一種策略。

男朋友每次做了一點點家事，她都會注意到，並且立刻給予讚美。比如：「你太厲害了，碗比我洗得乾淨多了。」「多虧有你，不然我都注意不到桌子髒了。」「你太有天賦了吧，第一次煲湯就這麼棒。」

慢慢地，安迪的男朋友已經能夠相對主動地分擔部分家事了。她的目標是把男朋友培養成家務小能手，這樣她就可以「坐享其成」。

其實，不管男人還是女人，大部分都吃軟不吃硬，基本上都是「順毛驢」——你說他好，他會變得更好；你說他不好，他會變得更不好。提供良好的情緒價值就像順著毛驢的性子，再跟牠說點話、餵點草，大部分驢都會乖乖的，讓牠往東絕不往西。聰明的人一定懂得四兩撥千斤的道理。說幾句漂亮話就能解決的事情，為什麼不呢？

安迪就深諳此理，所以，她並沒有像朋友們那樣直截了當地提出屋子太亂需要收拾，招致男朋友的反感，而是透過讚美、鼓勵提高了他對「做家事」這件事的愉悅感，進而促使他的行為發生了改變。可以說，透過向別人提供高情緒價值，最終受益的其實是我們自己。

上篇　EQ 高，
就是控制好自己的情緒，讓人相處舒服

與別人發生衝突怎麼辦？考驗你社交智力的時候到了。

繼 IQ 測驗、EQ 測驗後不久，美國著名心理學家愛德華・桑代克在《哈潑雜誌》的一篇文章中首次提出了「社交智力」（SQ）的概念。他曾經對社交智力下過這樣的定義：「如何辨識、管理他人情緒，並且和他人和諧相處的能力」，是 EQ 的重要組成部分。桑代克發現，社交智力對於許多領域的成功都是必不可少的，特別是一個成功的領導者更需要具備高明的社交智力。「工廠裡技術最高超的工人，」他曾經寫道，「如果缺乏社交智力的話，也做不好工頭。」

曾經有人說：「能夠管理他人情緒的人是高 EQ 之人。」所謂管理他人情緒，是指在準確辨識他人情緒的基礎上，用自己的 EQ 影響他人的能力。能夠做到這一點的人，必然能在社交場合如魚得水。

「EQ 之父」丹尼爾・高曼曾講過一個關於社交智力的典型案例：

一個胖胖的小男孩站在足球場邊，他身邊是兩個個子高大的男孩，一看就是個運動健將。此刻，兩個大男孩正在嘲笑小男孩：「小胖子，難道你也想踢足球嗎？你覺得你能踢足球嗎？」

這是一種非常明顯的侮辱與挑釁，一般情況下，這個年紀的男孩在聽到這種侮辱後很少有不打起來的。

第一章　發現 EQ
——EQ 就是管理自我情緒，與他人相處的能力

胖胖的小男孩當然也很生氣，但是一瞬間他就控制住了自己的憤怒，他只是閉上眼睛，做了個深呼吸，然後轉過身去，用平靜的語調說：「是的，儘管我足球踢得並不好，我還是要試試。」

停頓了一下，他補充道：「但是我的美術棒極了，不管看到什麼，我都能把它畫得維妙維肖。」

然後，他指著挑釁的那個男孩，對他說：「至於你，你的球技很棒，真的很高超！我也希望有一天能像你一樣，可惜就是做不到。不過我想，透過不斷練習我總能進步一點點的。」

小男孩的這番話一說完，那個挑釁的高個子男孩立刻收起了輕蔑的態度，他甚至變得友好起來，說道：「其實你的球技也沒有那麼差勁，如果你願意的話我倒是可以教你幾招。」

在這個世界上，恃強凌弱的現象經常發生，在學校裡的以大欺小就是預演。如遇這類事情，低 EQ 的表現是以牙還牙，高 EQ 的表現則是控制影響。故事中那個胖胖的小男孩的 EQ 的確很高。

首先，控制自己 —— 小男孩有效地克制住了自己的憤怒情緒（對於他這個年紀的孩子來說，這實在是不容易）；而在這之前，他已經有效地辨識出了大男孩的情緒：只要他們一起爭執，大男孩會毫不猶豫地揍他。

上篇　EQ 高，就是控制好自己的情緒，讓人相處舒服

其次，影響他人——小男孩接下來用自己平靜的語調和不亢不卑的語言化解了大男孩輕蔑和挑釁的情緒，進而轉向了友好和尊重——這絕對是一種卓越的社交智慧。

就在這一剎那間，小男孩用自己的社交智力解決了衝突，把一個眼看就要爆發的「爭鬥」關係轉變成了一個良好的合作關係。看來，不單是企業爭端、國際爭端需要社交智力，連小小的人際爭端也離不開社交智力啊！

「IQ 決定是否錄取，EQ 決定是否晉升，SQ 決定是否成功。」美國著名人際關係學大師卡內基在其著作《人性的弱點》一書中提到，約翰·洛克斐勒在他事業鼎盛的時候，曾經說過：「應付人的能力，也是一種可以購買的商品，就像糖和咖啡一樣。我願意對那種能力付出酬勞，它的代價要比世界上任何東西都高。」

與社交能力差、性格孤僻的高智商者相比，那些能夠敏銳了解他人情緒、善於控制自己情緒的人，更可能找到自己想要的工作，也更可能受人歡迎，為自己的成功累積下重要的人脈。EQ 為人們開闢了一條事業成功的新途徑，它使人們擺脫了過去只講智商所造成的無可奈何的宿命論態度。

我們人生中有很多不愉快的事情，只要你具備了高 EQ，你就可以把戰爭轉化為和平，痛苦轉化為快樂。反之，如果我們不快樂，惡劣的情緒就會像流感一樣，造成大面積的人際關係感染。

第一章　發現 EQ
——EQ 就是管理自我情緒，與他人相處的能力

個人有 EQ，團隊亦有 EQ

團隊作為一個擬人化的組織，和任何個體一樣，也存在著 EQ 高低的問題，即作為一個整體的團隊，在對自身價值觀和行為準則合理掌握的基礎上對外界變化的調適能力，學術上稱之為團隊 EQ。

每一個團隊都有各自的情緒。想想你最近參加一次團隊會議遲到時的情景，你一走進會議室，就會感覺到這種情緒。團隊的情緒可能是歡快的或哀愁的、樂觀的或悲觀的、有活力的或沒活力的、相互疏遠的或積極融入團隊的……所有這些特徵都描繪出了真實的團隊情感。

說到團隊 EQ，通常還有一層意義，即團隊成員之間的情緒會互相感染。我們都見過這種情況：如果有人來開會時情緒低落或者怒氣沖沖，而且這種情緒沒有及時得到處理，那麼整個團隊裡的人都會被傳染上這種情緒。毫無疑問，如果一個非常有幽默感的人來開會，很快會使整個屋子的人都開懷大笑。

為什麼呢？因為人的大腦中情感系統的調節不僅是人體內部的調節，而且受外部因素，比如人際關係的影響。情感是一個開放性的循環系統。也就是說，人腦如此設計是讓別人能幫助我們更好地調整情緒。

如果說個人 EQ 是一種靜態的 EQ，那麼團隊 EQ 就是一

上篇　EQ 高，
　　　就是控制好自己的情緒，讓人相處舒服

種動態的 EQ。

現代企業中的大多數工作都是由各種團隊去完成的。為此，團隊的工作氣氛以及凝聚力對工作績效有著深刻的影響。團隊能否和諧，不僅取決於其中每個成員的情緒智慧，更取決於團隊整體的情緒智慧。

高 EQ 的團隊，其成員之間往往具有親和力和凝聚力，團隊會顯示出高漲的士氣；低 EQ 的團隊，士氣低落，人心渙散，缺乏戰鬥力，所屬的組織一般也不會有好的發展。

一個團隊能否上升為「明星團隊」，取決於這個團隊是否和諧，團隊成員是否相處愉快等。如果團隊成員覺得「沒有人關心我，大家都各顧各的」，或者他們對團隊中某人感到非常氣憤，或者他們難以忍受團隊領導者的管理方式，那麼他們就不會全力以赴地工作，也不能和別人很好地合作。整個團隊的表現也會因此受到削弱。

團隊 EQ 包括以下內容：

◎ **團隊角色認知**

團隊是不同性格、不同能力、不同背景的個體結合在一起的組合，團隊中的每一個成員都必須擔任不同的角色。團隊角色認知是指團隊對自身功能、角色、任務的知覺，表現為兩個層次，即團隊成員對自己在團體中的角色認知和態度，以及團隊成員對團隊在組織中的角色認知和態度。

第一章　發現 EQ
——EQ 就是管理自我情緒，與他人相處的能力

◎ 團隊價值觀共識

團隊價值觀共識是指團隊成員對團隊共同價值觀和某些原則，如群體規範等的認同程度，以及團隊共同願景的達成程度。只有在價值觀共識的指引下，團隊成員才能心理相容、相互賞識。在此基礎上，個人掌握的知識與資訊才能夠共享，各種異質特徵才能得到充分整合和激發，組合的乘數效應才能夠發揮出來，團隊的績效才能夠大大提高。

當被授權完成一個共同的目標時，團隊必須建立自己的願景，而且此願景和公司的總策略必須是一致的。

◎ 團隊人際關係

團隊人際關係包括三個方面：團隊內部個體與個體的關係、團隊與外部個體的關係、團隊與其他團隊的關係。團隊人際關係的好壞影響著他人對團隊的感情和看法，進而影響著他人對團隊的認同和支持程度。

◎ 團隊衝突管理能力

由於不同的價值觀念、習慣認同、文化習俗等同時並存於一個團隊，或者團隊內部缺乏順暢的溝通機制，組織結構上存在功能缺陷等，衝突就會以各式各樣的形式客觀存在於每一個團隊之中。

團隊衝突管理能力是指透過協調所在團隊成員的個人績

上篇　EQ 高，
　　　就是控制好自己的情緒，讓人相處舒服

效從而實現共同目標的能力，重在協調為達成共同目標而努力工作的不同個人之間的合作。

◎ 團隊學習能力

　　團隊學習能力是指團隊克服組織學習障礙、成員積極思考、自由交流、不斷超越自我、創新組織、主動變革的能力。

　　團隊學習是發展團隊成員整體搭配與實現共同目標的過程，不但能幫助團隊形成良好的智力整合，而且能形成團隊的知識共享，產生新的組合，使團隊智慧超過個人智慧的總和，對複雜問題做到比個人更有洞察力。

用 EQ 提升團隊績效

　　仔細觀察一下，你也許會發現企業裡存在這樣的現象：員工士氣低落，牢騷怨言多，老闆剛愎自用等。這些現象很容易導致企業生產力降低，員工流失。

　　為什麼會這樣呢？團隊績效又是由什麼決定的呢？

　　團隊績效是指團隊成員（包括領導者）在一定時間內取得的業績。研究顯示，影響一個團隊效率的因素有三個：

◎ 成員良好的團隊意識

　　成員之間相互信任、每個成員對群體特性和群體效能有良好的意識。如不具備這些條件，合作的結果是不會很有效

第一章　發現 EQ
——EQ 就是管理自我情緒，與他人相處的能力

的。團隊工作具有緊密的關聯性和相互依賴性。因此，為了有效地完成團隊工作，就必須提高團隊 EQ。如果合作能夠順利地進行，就能取得「1 + 1 > 2」的效果；如果合作得不順利，將導致「1 + 1 < 2」的結果，造成「三個和尚沒水吃」的局面。

◎ 成員的情感因素

　　情感是人的意識活動的重要動力之一，而情感又受到人的生理機制和客觀環境的制約和影響，尤其是人際關係的影響。一個具有良好人際關係的團體可以激發成員熱愛集體的情感，使人心情愉快，身心健康，上下一心，艱苦創業。

◎ 尊重、自信、愉快的人文環境

　　美國著名心理學家馬斯洛認為，自尊需求的滿足將產生一種自信的感情，使人覺得自己在這個世界是有價值、有力量、有位置、有用處和必不可少的。這種自尊心理的形成固然受制於一個人的社會地位、知識結構和心理素養，但就某一團體而言，更受制於團隊中的人際關係，尤其是上下級之間的人際關係的影響。若團隊充滿尊重、信任、民主，則自信隨之而來，員工就會自約自律。

　　一個人的情緒不僅受到自身生理、生活狀況的影響，而且會受到他人的影響。成員之間會相互模仿、相互感染、相互暗示。團結、民主、平等、和諧的氛圍可以改變團隊成

上篇　EQ 高，
　　　就是控制好自己的情緒，讓人相處舒服

員的情緒，使人自然地生發出與環境一致的情緒（尊重、民主、禮貌等）。

可以看出，在團隊績效的三個決定因素中，每一個都與團隊 EQ 有關。所以，團隊要想取得高績效，就必須有高水準的團隊 EQ —— 團隊充滿活力、士氣高昂、凝聚力強；工作環境民主、和諧、合作氣氛濃厚；團隊成員平等、自尊、積極交流、不排斥異己、對工作和任務充滿激情，能夠時刻對團隊自身和外界環境保持理性的認知；團隊擁有核心競爭優勢和健康的、積極向上的團隊文化。

人們在工作中遇到的矛盾與難題僅靠分析是不可能解決的，這時候更多地需要透過交流感情、設身處地為他人著想和理解對方等方式來處理。

在一個高 EQ 的企業裡，職員總是有機會、有管道向他們的上司提出自己的看法，哪怕這種看法並不是正確的。這樣，可以有效地緩解員工的不滿情緒，引導大家達成共識，從而提高工作效率。而一個 EQ 低的團隊則會士氣低落、內耗叢生、拉幫結派，這些都壓抑了人才的積極性和創造性，甚至企業內外環境中一絲一毫的風吹草動都可能導致團體的解散。所以團隊 EQ 的低下，很容易導致企業的業績低下。

其實，很多有識之士早就明白了企業管理中團隊 EQ 的存在和意義。哈佛商學院心理學家肖莎娜‧祖博夫（Shoshana

第一章　發現 EQ
——EQ 就是管理自我情緒，與他人相處的能力

Zuboff)說：「企業界經歷了劇烈的變化，情感層面也產生了相應的改變。曾經有很長一段時間，受企業管理階層重用的人必然善於操縱他人。但是到了 1980 年代，在國際化與資訊科技化的雙重壓力下，這一嚴謹的管理結構已經逐漸瓦解。嫻熟的人際關係技巧是企業的未來。」

誠如湯瑪斯‧彼得斯和羅伯特‧沃特曼在其所著的《追求卓越》(*In Search of Excellence*)一書中所介紹的：美國優秀企業的共同之處就是具備較高的團隊 EQ。高水準的團隊 EQ 可以提高每一位成員的 EQ 水準，從而進一步提高團隊 EQ 的整體水平。高 EQ 的團隊能最大限度地發展人、發揮人的潛能，有利於提高企業的創新和應變能力。

例如：美國施樂是全球最大的影印機公司，曾經獨霸世界幾十年，但在 1970 年代以後，由於普通紙影印技術專利期滿而使新的競爭者風起雲湧地投入市場、石油短缺而導致全球經濟不景氣等原因，使其外部經營環境發生了急遽變化。

從 1976 年到 1982 年，全錄的市場占有率從 80% 下降至 13%。後來，總裁大衛‧柯恩斯運用「全面品質管理」和「塑造團隊精神」兩大法寶，全面改造公司，至 1989 年終於轉虧為盈，市場占有率逐漸恢復到全盛時期的 80%。可見，EQ 高的團隊往往對外界變化具有較高的調適能力，當外部環境發生變化時，不僅能透過調節自身行為來適應這些變化，甚

上篇　EQ高，
　　　就是控制好自己的情緒，讓人相處舒服

至還能反作用於環境變化，成為環境的主宰者。

耶魯大學心理學家羅伯特・史坦伯格和溫蒂・威廉姆斯曾做過這樣一個研究：他們偽稱一種銷售前景看好的新式產品即將上市，請幾個行銷團隊各設計一套廣告。結果發現，如果一個團隊中有低EQ的人，比如某團隊的個別成員特別熱衷於表現自己，喜歡控制或主宰別人，另有個別人缺乏熱情等，那麼該團隊的進度就可能拖後。

這些結果都顯示，影響團隊表現的重要因素在於成員能否營造和諧的氣氛，讓每個人的才華都充分發揮出來。一個低EQ的團隊中如果存在著嚴重的情感障礙，比如恐懼、憤怒、惡性競爭、不平等待遇等，那麼各成員的才能就很難得到充分的發揮，他們的能量都將消耗在內耗之中。

成功企業在管理中十分重視人際關係的和諧，把提高團隊EQ作為重要的管理策略進行策劃和實施。如索尼的家庭觀念、Motorola的以人為本等，都在努力營造企業的「家庭」氛圍，改善企業內部、團隊內部的人際關係，協調和消除各種人際衝突，提高人際關係的和諧度。

作為一個高EQ團隊的領導者，應該允許並倡導員工拿一面大鏡子照出企業內諸多方面的瑕疵，與此同時，集思廣益還可以有效地使企業避免出現重大決策錯誤；還應該注意統一企業內部的不同思想，即使統一不了，也要保障異己者

第一章　發現 EQ
—— EQ 就是管理自我情緒，與他人相處的能力

的發言權。這雖然是老生常談，但卻有很多企業並未做到這一點。

一個企業要善於協調與合作才能塑造出高 EQ 團隊，這需要一群人集合起來共同努力，各自貢獻不同的才華。團隊的表現也許無法超出這些個別才華的總和，但如果內部工作不協調，團隊的表現就肯定會大打折扣。

做個和藹可親的團隊領導者

一位女經理經常發火，她也知道自己亂發脾氣不好，很想控制自己發怒的情緒，但就是做不到。於是，她去看心理諮商。

諮商師問：妳都對誰發火了？跟市長妳敢發火嗎？她說不敢。

諮商師繼續問：跟頂頭上司妳敢發火嗎？她說也不敢。

諮商師最後問：那妳都跟誰發火？女經理說，她經常對下屬發火。

其實，女經理的自制力相當強，該發火時發火，該不發火時就不發火。跟市長和上級不敢發火，因為她對他們有一種畏懼心理，即使她想發怒，也只能極力控制。而對於下屬，她有一種優越感，這種心理使她唯我獨尊。只要對下級稍有不滿，她根本不用顧忌和克制，火氣自然會迸發出來。

上篇　EQ 高，
就是控制好自己的情緒，讓人相處舒服

你的下屬是不是不敢把壞消息告訴你，不管這個壞消息是關於公司業績表現的，還是關於領導者自身表現的。相關調查資料顯示，與公司其他人相比，高層領導者最不容易獲知批評類訊息，就是知道也已經很遲了。

為什麼會出現這種情況呢？下屬害怕告訴領導者壞消息是很自然的事情，因為大多數領導者會遷怒於告訴他壞消息的人。人往往因為自己優於別人而驕傲自大，看不起卑微者。很多總裁很少面帶微笑，甚至我們可以用一個人的笑容多寡來判別他的身分地位。一個人在階級組織中的地位越高，面帶微笑的表情就越少。

領導不等於壓制，而是說服別人為一個目標共同努力的過程。領導者需要透過藉助他人來高效地完成工作任務，領導力就是一種藉助他人完成工作任務的藝術。領導者必須注重發掘自身的情感潛能，並運用情感能力影響他人。

因此，領導者不要過分看重權力，武斷專橫，而是要透過魅力與權力的有機結合，透過 EQ 的運用，最大限度地調動被領導者的積極性和創造性。權力是暫時的、有條件的，而情感、EQ 則是需要領導者花畢生精力去追求的。

那些擁有高 EQ 的總裁，通常會展現出自己和藹可親的形象。他更像是一個優秀的溝通者，一個熱誠關心他人的人，同時他也很受大家歡迎，具有領導者的魅力。領導者必

第一章　發現 EQ
──EQ 就是管理自我情緒，與他人相處的能力

須做到讓員工釋放全部能量，而不僅僅是盡職盡責。

當柯林頓動情吹奏、踏歌而舞時，民眾感受到的必然是總統的情感豐富、平易近人。運用情感能力影響他人，就要把人的因素當作領導工作之本。如果你想圓滿完成工作任務，那麼你必須對員工進行激勵、啟發、引導和指導，必須虛心傾聽他們的建議。

領導者最主要的工作是讓手下員工產生良好的感覺。這種「良好的感覺」指的是理想感覺。為了達到最佳工作狀態，每個人都有一個理想的心理狀態。一個人能否做好工作，在相當程度上取決於他是否處於理想狀態之中，不能覺得乏味，不能過度焦慮，不能覺得壓抑。

科學研究清楚地顯示，當一個人處於憤怒、焦急、與人疏遠、沮喪的狀態時，他的工作通常做不好。當你心情不好時，你的思路就會不清晰，吸收資訊也會不全面，理解問題也不夠透澈，也就不能做出適當的反應。

產生這種現象的主要原因就是，令人心煩的情緒會向大腦發出一個訊號 ── 將注意力集中到令你煩惱的事情上，並且採取行動試圖改變它。而當你全神貫注地處理這件事時，你有效處理資訊的能力就減弱了。如果這種情況發生在一個團隊中，就會變得更危險，團隊的機能就會失調。因此，領導者的任務是協助員工進入並一直處在那個最佳狀態中，而

上篇　EQ 高，
　　　就是控制好自己的情緒，讓人相處舒服

並不是僅僅幫助員工產生良好的感覺。

在工作中，當我們遇到困擾時會向主管求助，以便弄清楚事情的本質，或者需要主管為我們指明方向，鼓舞我們的鬥志，激勵我們前進。如果主管認為，「這不是我工作的一部分，不管我怎麼做都沒關係，只要他們理解我想要什麼就行了」，那麼他的領導力就會被削弱。團隊中的領導者對團隊情緒的影響比團隊中的任何一個人都要強。

每個領導者都不能忽視這樣一個事實，那就是人的情緒總是有高有低，重要的是你要幫助他恢復正常。具備自我意識是一個團隊能夠管理自身情緒的先決條件，應該去處理問題而不是掩蓋問題。換句話說，領導者應幫助團隊不斷增強自我意識，這是 EQ 中最核心的部分。領導者一定要控制好自己的情緒，慎防發怒。即使發怒，也不要把事情做絕，而要留有可以挽回的餘地，並注意事後採取補救措施。

除了能夠清楚地了解其他人的感覺，並表達出一種帶有支持力的個性之外，擁有高 EQ 的人還有其他兩種能力──能在兩個敵對的派系之間進行有效周旋，以及能將團隊成員進行有效組織。他們就像成功的政治家一樣，能夠使周圍人都感受到自己受到了重視和支持，從而散發出熱情和活力。

第一章　發現 EQ
—— EQ 就是管理自我情緒，與他人相處的能力

做個會妥協的高 EQ 下屬

在提高團隊 EQ 的過程中，領導者的作用是第一位的，但並不表示下屬只能被動地適應。作為下屬，所有你認為正確的和對你部門有利的想法，都應該以你認為合適的方式讓上級知道。要把你的想法傳達給你的上級，使你的上級領會、同意並支持你的思想和行為。

EQ 高的下屬會充分了解上司的性格特點和脾氣秉性。上司雖然是領導者，但他首先是一個人。作為一個人，他有他的性格、愛好，也有他的語言習慣等。有些上司性格爽快、乾脆，有些則沉默寡言、事事多加思考。你必須首先了解清楚，然後適當地迎合領導者的性格特點。

從總體上說，上司可以分為「讀者」和「聽者」兩大類。

對喜歡當「讀者」的上司，你談得再多也只是浪費時間。他只有在讀過相關資料之後，才能聽取你所提出的問題。對喜歡當「聽者」的上司，如果你向他提交一份長篇報告的話，那只會是浪費時間，因為他只有在聽取口頭匯報時才能抓住要點。

匯報工作時，上司希望下屬簡明扼要地匯報，還是事無鉅細都要了解？他希望下屬提交一份詳盡的書面報告，還是做口頭陳述？甚至有時還應考慮，在什麼時間向上司匯報更合適。

上篇　EQ 高，
就是控制好自己的情緒，讓人相處舒服

　　美國總統布希比較中意康朵麗莎·萊斯，因為萊斯知道布希不喜歡長篇大論，所有的報告只要一頁，萊斯就會根據布希的這一偏好把資源進行整合，然後抓住重點，向布希敘述。

　　如果你是一位善於觀察的高 EQ 下屬，你還得花時間去了解上司的目標、壓力和工作方式。比如：上司的個人目標是什麼？工作目標是什麼？他面臨著哪些壓力，尤其是來自他的上司和同級經理的哪些壓力？他的工作方式是什麼？他希望別人的工作方式又是什麼？

　　上司也有他的優點和弱點。哪些事情他處理起來得心應手、遊刃有餘？哪些方面他希望得到下屬的支持和協助？了解了這些，清楚了這些，你才能做到心中有數，讓上司揚其所長、抑其所短。比如：你的上司精通市場業務，而對財會工作卻有些不甚了解，那麼你可以事先為上司做好細緻的財會分析，以幫助他做出正確的決策。

　　在影響上司的過程中，還應該講究一些方法。說話、做事要注意分寸，既要幫助上司解決困擾，也要注意不要使上司對你產生危機感，不要隨便揭露上司的祕密，更不要混淆上下級之間的界限。

　　第二次世界大戰期間，史達林在軍事上最倚重的人有兩個：一個是軍事天才朱可夫，另一個是蘇軍大本營的總參謀

第一章　發現 EQ
——EQ 就是管理自我情緒，與他人相處的能力

長華西列夫斯基。

史達林唯我獨尊的個性使他不允許有人比他高明，更難以接受下屬的不同意見。在二戰期間，史達林的這種過分的自我尊嚴感曾使蘇聯紅軍大吃苦頭，遭到了不可估量的損失和重創。一度提出正確建議的朱可夫，被史達林一怒之下趕出了大本營。但有一人例外，他就是華西列夫斯基，他往往能使史達林在不知不覺中採納他正確的作戰計畫，從而發揮巨大的作用。

華西列夫斯基的進言妙招之一，就是潛移默化地在休息中施加影響。

在史達林的辦公室裡，華西列夫斯基喜歡和史達林天南地北地「閒聊」，並且往往還會「不經意」地隨便說說軍事問題，既非鄭重其事地大談特談，也不是講得頭頭是道。由於受到啟發，等華西列夫斯基走後，史達林往往會想出一個好計畫。過不了多久，史達林就會在軍事會議上宣布這一計畫。

華西列夫斯基在和史達林交談時，有時會故意犯一些錯誤，替史達林製造幫他改正錯誤的機會，然後華西列夫斯基會把自己最有價值的想法含糊其辭地講給史達林聽，由史達林形成完整的策略計畫公開宣布。當時史達林的許多重要決策就是這樣產生的。

華西列夫斯基就是靠與上司之間的隨意交流，逐步啟發、誘導著史達林，使自己的種種想法得以實現，以至於連史達林本人也認為這些好主意是他自己想出來的。

上篇　EQ 高，
　　　就是控制好自己的情緒，讓人相處舒服

　　就這樣，華西列夫斯基成了史達林不可或缺的得力助手，在二戰期間發揮了巨大的甚至是無可替代的影響力，其手段不可謂不高明。

　　作為下屬，你的某些好想法可能最後會變成你上級的決定並且多數以他的名義發出，這種情況已經相當不錯，因為你的目的已經達到。千萬不要到處宣揚這是你的主意，更不要因此而憤憤不平。

　　如果讓上司覺得你總是在給予他，他離不開你，那麼你可以猜想，自己和上司的關係是不可能融洽的。因為上司會覺得自己沒有了尊嚴，沒有了安全感。此時，唯有高 EQ 的下屬才能改變這種局面，要讓上司真切地感覺到，你的優秀是因為他的存在。

　　當你和上級產生矛盾之後，你一定要想辦法盡快彌補。如果是誤會，要趁早解釋清楚；如果是分歧，應盡可能達成一致。事實證明，如果硬頂，最終倒楣的多半是你而不是你的上級。

　　成功處理好自己與上司的關係的標準，就是看你能否和上司形成「魚水情」。魚因水而存活，水因魚而顯得有靈氣。當你是「水」時，不要認為「魚」離不開你，由此而居功自傲；當你是「魚」時，不要覺得「水」需要自己才能顯出靈氣。達到這個境界之後，你就可以引導上司有效地完成自己想做的事情了。

第一章　發現 EQ
──EQ 就是管理自我情緒，與他人相處的能力

除此之外，為了影響你的上司，你還要讓上司真正地了解你。只有這樣，他才能掌握哪些任務是你力所能及的，哪些是你的強項，哪些是你所不擅長的。畢竟你的上司也要對自己下屬的工作負責。只有充分了解你，他才能放心地把任務交給你。在某些關鍵的時候，他才能有把握地說：「我知道他能做好這項工作。」

所以，請一定要相信，作為一個高 EQ 的下屬，同樣能影響上司的領導，提高團隊的 EQ。

上篇　EQ 高，
　　　就是控制好自己的情緒，讓人相處舒服

第二章　了解自我 ——
高 EQ 者是自我覺知型的人

蘇格拉底：認識你自己

　　在古希臘德爾菲城的一座神廟裡，鐫刻著蘇格拉底的一句名言：「認識你自己。」它是這座神廟裡唯一的碑銘，要求人們在情緒產生的時候，能感知它的存在，進而有目的地調控它。

　　「我是誰」、「我從哪裡來，又要到哪裡去」、「我為什麼要這麼做」、「我為什麼不高興」……從古希臘開始，人們就不斷地問自己，然而至今都沒有得出令人滿意的答案。即便如此，人們也從來沒有停止過對自我的追尋。

　　認識自己，心理學上叫自我知覺，是一個人了解自己的過程。然而，認識自己並非易事，所謂「不識廬山真面目，只緣身在此山中」，講的就是這個道理。事實上，認辨識人難，認識自己更難。

　　有一位漂亮的長髮公主，自幼被巫婆關在一座高塔裡。巫婆每天對她說：「妳的樣子醜極了，見到妳的人都會害怕。」公主相信了巫婆的話，怕被別人嘲笑，不敢逃走。直到有一天一位王子經過塔下，讚嘆公主貌美如仙並救出了她。

第二章　了解自我
——高 EQ 者是自我覺知型的人

其實，囚禁公主的不是什麼高塔，也不是什麼巫婆，而是公主認為「自己很醜」的錯誤認知。我們或許也正被他人所矇蔽，比如父母、老師說你笨，沒有前途，你也就相信了。此時的你不正如那位長髮公主嗎？

事實上，人們常常迷失在自我當中，很容易受到來自外界資訊的暗示，並把他人的言行作為自己行動的參照，從而出現自我知覺的偏差。

有這麼一個流傳很廣的故事：

好鬥的武士向一個老禪師詢問天堂與地獄的含義。

老禪師說：「你性格乖戾，行為粗鄙，我沒有時間跟你這種人論道。」

武士惱羞成怒，拔劍大吼：「你竟敢對我這般無禮，看我一劍殺死你。」

禪師緩緩道：「這就是地獄。」

武士恍然大悟，心平氣和地納劍入鞘，向禪師鞠躬，感謝指點。

禪師又言：「這就是天堂。」

武士的頓悟說明，人在陷入某種情緒時往往並不自知，總是在事情發生後，經過反省才會發現。其實，情緒是多種多樣的，人與人之間有很大的差異性。造成個體差異的原因可歸納為三個方面：

上篇　EQ 高，
　　　就是控制好自己的情緒，讓人相處舒服

第一，人有天生氣質上的差異，對內在、外在刺激的敏感程度不同。

第二，每個人都有獨特的個人經驗。例如：若曾遭受過強烈的外在傷害，相關的情景就比較容易引發相似的情緒。被狗咬過的小孩，看到狗比沒有此經驗的小孩容易感到害怕。

第三，每個人都會形成自己獨特的認知結構，對事件的詮釋、評估不同，自然也會造成不一樣的情緒感受。例如：走在路上時，如果發現有路人注視，有些人會認為此人有意挑釁，就會心生憤怒；有些人會認為此人在欣賞自己的穿著品味，則得意之情油然而生。

每個獨立的個體都攜帶著各式各樣的情緒，它們會在我們身上留下痕跡，這就是「情緒地圖」。了解自己內在的情感狀態，探索他人與自己的內在經驗世界，從而正確地認識自己和他人，就可減少心理投射，避免誤解、摩擦和衝突。

認識自我情緒的四種方法

如果你想利用你的情緒力量，就必須先了解它，這是一個非常重要的原則。須知，你的情緒不是孤立的，也不是無法掌握的，你的思想能直接影響你的情緒。

EQ 首先表現為對自己情緒的辨識和評價，也就是能及

第二章　了解自我
——高 EQ 者是自我覺知型的人

時地辨識自己的情緒,知道其產生的原因。誰了解自己的情緒,誰就能充分、合理地利用、操控、駕馭它;誰要是不了解自己的情緒,就只能無助地聽任它的擺布,成為它的奴隸。

一般來說,高 EQ 者是透過以下四種方法來認識自我情緒的:

◎ 情緒記錄法

做一個了解自我情緒的有心人,有意識地連續記下自己最近一段時間(比如:兩到三天或一個星期)的情緒變化過程。情緒記錄表的具體記錄項目可以為:情緒類型、時間、地點、環境、人物、過程、原因、影響等。

◎ 他人評價法

透過與你的家人、上司、下屬、朋友等交流溝通,用他人的眼光來了解自己的情緒狀況。

了解那些經常與你接觸的人對你的評價,是了解自己的情緒的重要途徑。因為他人評價比自己的主觀認知具有更大的客觀性。如果自我評價與周圍人的評價相差不大,表明你的自我認知能力較好;反之,則表明你在自我認知上有偏差,需要調整。

然而,對待別人的評價要有認知上的完整性,不可只以

自己的心理需要注意某一方面的評價。應全面聽取,綜合分析,恰如其分地對自己做出評價和調節。大多數人透過別人的看法來觀察自己,為獲得別人的良好評價而苦心迎合。但是,把自己的自我認知完全建立在別人的評價上,就會面臨嚴重束縛自己的危險。

◎ 情緒自省法

人生的棋局該由自己來擺,不要從別人身上找尋自己,應該經常自省並塑造自我。

成功和挫折最能考驗個人的修養、性情,因此,我們可以透過自己成功或失敗時的經驗教訓,來發現自己的情緒特點,在自我反省中重新認識自我,掌握自己的情緒走向。

◎ 情緒測試法

藉助權威的情緒測試軟體,或諮詢專業人士,獲取有關自我情緒認知與管理的方法和建議。

了解自己情緒的人,大多善於將自己的情緒調節到一個最佳狀態,順應他人的情緒基調,輕而易舉地將他人的情緒納入自己的主航道。這一本領能讓他們在交往和溝通中一帆風順。

強而有力的領袖人物、富於感染力的藝術家都能敏銳地認識和監控自己的情緒表達,不斷調整自己的社會表演。他

第二章　了解自我
——高 EQ 者是自我覺知型的人

們像高明的演員,善於調動成千上萬的人與自己同痴同醉。

當你開始觀察和注意自己內心的情緒感受時,一個有積極作用的改變正悄然發生,那就是 EQ 的作用。

高 EQ 者往往能有效地察覺自己的情緒狀態,理解情緒所傳達的意義,找出它產生的原因,並對自我情緒做出必要的恰當的調節,始終保持良好的情緒狀態。低 EQ 者則因不能及時地明白自我情緒產生的原因,而無法有效地進行控制和調節,致使消極情緒影響心境,久久不退。

在生活中,有些人樂觀向上,有些人卻悲觀絕望,究其原因,是他們觀察和處理自己情緒的方式不同。

心理學家邁耶將人的情緒管理方式分成幾種類型:

◎ 自我覺知型

一旦情緒出現,自己便能覺察。這種人情緒複雜豐富,心理健康,人生觀積極向上;情緒低落時絕不輾轉反側,纏綿其中。自我覺知型的人能有效地管理自己的情緒。

◎ 難以自拔型

這種人一旦捲入情緒的低潮中便無力自拔,聽憑情緒的主宰。他們情緒多變,反覆無常,而又不自知,常常處於情緒失控狀態,精神極易崩潰。

上篇　EQ 高，
　　　就是控制好自己的情緒，讓人相處舒服

◎ 逆來順受型

　　這種人很了解自己的感受，接受並認可自己的情緒，並不打算去改變。這類人又被稱為認可型。認可型又分為兩種：樂天知命型──整天開開心心，自然不願也沒必要去改變；悲觀絕望型──雖然意識到自己處於不良情緒狀態，但採取不抵抗主義，**憂鬱症患者就屬於這種類型**，他們在自己的絕望痛苦中束手待斃。

　　高 EQ 者是自我覺知型的人，他們了解自己的情緒，能對自己的情緒狀態進行認知、體察和監控。他們具備自我意識，注意力不會因外界或自身情緒的干擾而迷失，具有在情緒紛擾中保持中立自省的能力。

與情緒「對話」

　　情緒可為我們帶來成就，也可能使我們失敗，所以，我們必須學會控制自己的情緒。如果無法控制自己的情緒，你的一生將會因不時的情緒衝動而受害。

　　當你產生負面情緒的時候，不妨找一個獨處的環境，「聆聽」自己的情緒，深入地體會自己正經歷的感受是什麼：是內疚，怨恨，害怕，驚訝，還是哀傷？人的情緒感受不是單一的，常常是幾種情緒混雜在一起。

　　這時，你要仔細分辨一下目前究竟哪種情緒是最主要

第二章 了解自我
—— 高 EQ 者是自我覺知型的人

的,並留意此時的身體反應。然後,你需要與情緒「對話」。你的感受一定不是沒有原因的,儘管或許你並不知道確切的原因是什麼。這時,你不妨問自己如下幾個問題:

- ◆ 我怎樣形容自己的情緒?
- ◆ 是什麼人(事)使我有這樣的感受?為什麼?
- ◆ 我的情緒與事實成正比嗎?
- ◆ 這些情緒與過去的經歷有關嗎?
- ◆ 我准許自己有這樣的情緒嗎?如果不能,為什麼?

最後一個問題常常使我們發現,有些感受是我們不願承認的,因為這樣會暴露自己的「弱點」。比如:這幾天你不太高興,因為發現同學借你的東西不還,你感到很氣憤。可是,你不願意承認,因為這種情緒會使你覺得自己「小心眼」。這時,最重要的是要提醒自己,你也是人,自然有「人之常情」。如果你多和別人交流,就會發現,其實別人也有相同或類似的感受,只不過大家都不敢承認罷了。

向可信賴的朋友傾訴,會幫助我們接納自己的情緒。當我們能夠了解和接納自己的情緒時,情緒的困擾差不多已經解決了一大半。然而,情緒其實只是一個指標,它告訴我們現在正處於怎樣的現實。所以,要想真正地面對自己的情緒,有時我們還需要改變一些不太正確的想法,調整一些日常的生活習慣。

上篇　EQ 高，
　　　就是控制好自己的情緒，讓人相處舒服

香港「突破輔導中心」前副總幹事李兆康先生多年從事青少年心理輔導工作，他在一本小冊子中用了四個形象的比喻來描述情緒：

◎「保全系統」

情緒好像是我們心理上的「保全系統」。一旦身邊的事和人對我們的身心構成威脅，這個保全系統就會發揮作用，發出相應的警報訊號，這樣，我們就可以及時地採取適當的應對措施保護自己。

比如：如果遇到危險的情況，這個保全系統就會產生恐懼情緒，迫使我們要麼躲避，要麼抵抗；如果有人刺傷我們的自尊，我們的心裡一定先是鬱悶，然後變為憤怒，這提醒我們必須尋求疏解。

另外，如果我們做錯了事，內心會感到內疚和自責，這些情緒又會驅使我們改正自己的行為，為自己的錯誤做些補償。

當然，這個保全系統也有失靈的時候。它可能會反應過敏，小小的刺激便警報大鳴；也可能對危險和過失漸漸麻木，毫無反應。

所以，人需要經常自我反省，校正自己的價值觀念。只有摒棄不太正確的態度、思想，才可以使這個保全系統保持正常執行。

第二章　了解自我
——高 EQ 者是自我覺知型的人

◎「發電機」

情緒好像「發電機」，它可以源源不斷地產生能量，用以推動人的各種行動。比如：因自信、愉快、感激、同情等產生的情緒，被人稱為動力性情緒。

然而，在我們的生命中，不可避免地會產生一些令人不快的情緒。那些因憤怒、怨恨、急躁、不滿、憂鬱、痛苦、焦慮、恐懼、嫉妒、羞愧、內疚等產生的情緒，被人稱為耗損性情緒。這些情緒在一定程度上會消耗我們的能量。

但是，這些負面情緒若不過量還是有其正面價值的。在感受痛苦的同時，我們也得到了探索和成長的機會。當然，如果我們的生命中充滿了耗損性情緒，大部分的能量就會被白白地浪費，這部「發電機」就不能發揮出應有的功效。

◎「編織的彩毯」

情緒又好像一塊「編織的彩毯」，全看你自己喜歡用哪種色彩的毛線來編織。如果你偏愛灰黑色，織出的毯子就會黯淡無光；如果你只用白色，毯子就會顯得單調；如果你善於使用各種顏色自然地交織，就會織成色彩繽紛的彩毯。

同樣的道理，你若容許自己自然流露各種情緒，既不過分壓制，也不將自己淹沒在情緒的低潮中，你的人生也必定會像一塊彩毯一樣多姿多彩。

上篇　EQ 高，
就是控制好自己的情緒，讓人相處舒服

◎「化學作用」

情緒讓人聯想到「化學作用」。在人與人的交往中，若充滿因仇恨、嫉妒、自私、傲慢等而生的負面情緒，會令人不寒而慄。反之，若人際關係中多一些由愛、寬容和體諒而生的正面情緒，會讓人樂在其中。

可見，若能恰當地處理自己的情緒，可以為我們的生命新增色彩。反之，情緒可能會成為我們的負擔，侵蝕我們的生命。

然而，恰當地處理情緒並不意味著你要時時刻刻使自己快樂。實際上，那些負面的情緒能為我們的成長提供契機。我們必須經歷一個逐漸反省的過程。有了成熟的反省過程，我們才能經得起情緒的衝擊，才能不做情緒的奴隸。

情緒有週期，週期分男女

你的情緒會不會起伏不定？

當然會了。有些時候你恨不得鑽進地洞藏起來，遠離這個世界。你一身晦氣，做什麼都成功不了，一件生意都談不成。煩死了，對不對？還有一些時候，你一帆風順。從起床開始，你就好像戴上了玫瑰色的眼鏡，充滿樂觀，周圍的一切都是那麼可愛，事事順心如意。

就像一年有四季變化一樣，人的情緒也有週期。所謂

第二章　了解自我
——高 EQ 者是自我覺知型的人

「情緒週期」，是指一個人的情緒高潮和低潮的交替過程。它反映人體內部的週期性張弛規律。當人們處於情緒週期的高潮時，常感到心曠神怡，會表現出強烈的生命活力，對人和藹可親，感情豐富，做事認真，容易接受別人的規勸；若處於情緒週期的低潮，則常感到孤獨與寂寞，容易急躁和發脾氣，易產生反抗情緒，喜怒無常。

加州大學的雷克斯・赫西教授進行了一項科學研究，結果顯示，人類情緒週期平均為五週。也就是說，一個人的心情由高興到沮喪，再回到高興，往往需要五週的時間。

五個星期！也許你的情緒週期較長或較短，不過你一定希望了解自己的高潮期與低落期。下面介紹一種簡便的製表方法，它可以幫助你了解自己的情緒變化規律：

以一年中的某個月為例，縱行填寫1號、2號、3號……30號（或31號），橫行填寫不同的情緒指數，包括興高采烈、愉悅快樂、感覺不錯、平平常常、感覺欠佳、傷心難過、焦慮沮喪。

每天晚上花點時間想想當天的情緒，在與之相符的一欄做上記號。過些日子，把這些記號連線起來。不久你就會發現其中的規律，這就是你的情緒韻律。

再過幾個月，你就會驚奇而準確地知道，什麼時候你的情緒高潮將至，什麼時候你得小心情緒低潮的到來。知道了

上篇　EQ 高，
　　　就是控制好自己的情緒，讓人相處舒服

這一點後，你就可以預測自己的情緒變化，並相應地調整自己的行為。情緒高昂時，注意不要隨意承諾，一定要三思而後行；情緒低迷時，不妨鼓勵自己這種情況很快就會過去。

情緒週期好比一張晴雨表，我們可據此安排好自己的規劃。情緒高漲時安排一些難度大、較煩瑣的任務；而在情緒低落時多出去走走，多參加體育鍛鍊，進行一些健康向上的活動，同時多向親朋好友傾訴，尋求心理上的支持，安全地度過情緒危險期。

同時，遇上低潮期和臨界期，我們要提高警惕，運用意志加強自我控制，也可以把自己的情緒週期告訴自己最親密的人──一方面讓他們幫助你克服不良情緒，另一方面可避免不良情緒使你們之間產生誤會。

◎ 男人的情緒週期

劉女士來到心理門診向醫生訴說：「我老公什麼都好，就是有時莫名其妙地朝我和兒子發火。奇怪的是每到月底基本上都是這樣，不知是怎麼回事？」

醫生告訴劉女士，這是情緒處於低潮期的表現。

其實，每位男士在每個月都有這麼幾天情緒低潮期，像女士的「例假」那樣準時，所以不少專家稱其為男人的「例假」。

如果為人妻者不了解男人的這一特性，就會在這個時候

第二章　了解自我
——高EQ者是自我覺知型的人

遭受到莫名其妙的打擊。你會發現，沒有任何明顯的理由，心愛的男人就會突然疏遠自己。他好像很冷淡，甚至不願意跟你說話，總是躲在一邊，或者看書，或者看電視。當你努力接近他時，他的反應也令人難以接受。如果你以為愛情就此結束，那就錯了。

一位心理諮商中心的博士指出，每個人都有一定的生物節律，只不過有些人明顯，而有些人不明顯。一般人的情緒低潮一個月左右出現一次，在這個時期心情煩悶、無故發怒等是很正常的。

男士們可以用半年左右的時間尋找自己的「例假」規律，依據情緒週期把工作妥善安排好，必要時參加一些輕鬆活潑的活動以調節自己的情緒。更重要的是，做妻子的應在此時更關心理解丈夫，做好其心理疏導工作，防止對他施加更大的壓力。

為什麼正常人也會間歇性地發生不同程度的心理異常呢？其「病因」主要有三：

- 一是在你與周圍世界的「碰撞」中，不可避免地要產生各種負面情緒。當「情緒累積」達到一定程度時，容易出現身心失衡，需要透過適當的方式來宣洩；
- 二是工作和生活壓力超過了身心所能承受的範圍，激起了情緒的「抗議」；

上篇　EQ 高，
　　　就是控制好自己的情緒，讓人相處舒服

◆ 三是天象的影響，例如：月亮的盈虧會使人的情緒之「海」出現「起伏」。此外，特殊的環境及突發事件等也會成為心理異常的誘因。

心理學家認為，間歇性輕度情緒失控、輕度心理異常人人皆有，但每人的發洩方式卻不一樣。像劉女士的丈夫那樣向親人發洩，具有很大的破壞性，也是一種傷人又傷己的行為方式。

◎ 女人的情緒週期

女人行經前的一個星期左右以及行經期間，身體通常會感到不舒適，或出現種種毛病，例如腹脹、便祕、關節痛、容易疲倦、長粉刺暗瘡、胸部脹痛、頭痛等，有些人還會沮喪、神經質、容易發脾氣。

以上種種與經期有關的症狀，醫學上稱為「經前症候群」。這些症狀形成的原因有很多，主要是跟體內的荷爾蒙變化有關。一旦體內的荷爾蒙出現變化，馬上會影響到心理情緒。建議你在日曆上記下你的情緒週期，一旦感到憂鬱、焦躁不安、想發脾氣，立即看看是否情緒低潮期到了。那樣，你就可以幫助自己舒緩情緒，冷靜平和下來，自在地度過這每月一次的煩惱。

你的顧客或者家人也同樣有情緒週期，你興高采烈時，別人可能正垂頭喪氣。所以，如果對方對你的想法不屑一

第二章　了解自我
——高 EQ 者是自我覺知型的人

顧，千萬別洩氣，幾天以後那個人可能就變得開心起來，對你的想法大加讚賞。

靈異第六感

第六感是在人類進化中沉澱下來的一種直覺，又叫「心覺」，它綜合了人類進化過程中不同場景下不同的情緒特徵。一旦場景有異，第六感會馬上做出反應，人便會產生同類的情緒反應，或焦躁，或恐懼，或憤怒，或快樂……從而迫使人採取適當的行動。

下面是《紐約時報》專欄作家高曼在一本書上描述的第六感：

有一座橋在我孩提時候印象最為深刻。一天下午，老師帶著我們在橋上玩。我現在仍然記得，那天我和傑米因為爭論橋的年齡而被老師表揚。他說我們好學。

如今，我每天都要從這座橋上至少走兩次 —— 當然，是駕車經過。

秋日的午後，我回家取一樣東西。在離橋還有 600 公尺的時候，我感覺橋似乎抖了一下。一種奇怪的感覺攫住了我，也就在同時，我覺得很噁心，好像要嘔吐。

於是我就把車停在了路邊，搖開了車窗，呼吸新鮮空氣。突然，橋發出了巨大的聲音，它斷了！接下來的事我無法描繪出來，那是不多見的災難場面之一。

上篇　EQ 高，
　　　就是控制好自己的情緒，讓人相處舒服

恐懼衍生的謹慎救了我一命。像兔子嗅到從狐狸身上飄過的氣息就立刻屏氣斂神，像史前哺乳動物一見到攫食的恐龍便四散逃匿，一種內在的警覺控制了我，迫使我停車，多加小心，警惕步步逼近的危險。

高曼認為，幾乎所有的情緒都是演化寫好的程式，可以驅使人們應付環境，即刻行動；每一種人類情緒反應都有其獨特功能，有其不同的生物特徵。以下就是高曼列舉的促使人們做出不同反應的情緒生理機制：

◎ 人在憤怒時

血液湧向手部，便於抓住武器，**擊打敵人**。此時心跳加快，腎上腺素類激素分泌猛增，注入血液，產生強大的能量，以支持激烈的行動。

◎ 人在恐懼時

血液流向骨骼肌，以便於奔跑；臉部則因缺血而變得慘白，同時會有血液流失的「冰冷」感覺。

可能有一瞬間軀體僵化，這也許是在爭取時間來衡量藏匿是否為上策。軀體處於全面警戒狀態，一觸即發，密切關注逼近的威脅，準備隨時採取行動。

◎ 人在快樂時

大腦中樞抑制消極情緒的部位啟用，產生憂慮情緒的部位則沉寂，準備行動的能量增加。不過，除這種靜止狀態

外,並無其他特殊的生理變化,這將有利於機體從消極情緒的生理激發狀態迅速恢復。

◎ 人在放鬆時

副交感神經系統使機體處於一種平靜和滿足的狀態,樂於合作、配合。

◎ 人在驚訝時

眉毛上揚,擴大了視覺搜索範圍,視網膜上接收到更多的刺激,可獲取意外事件的更多資訊,有助於更準確地判斷事件性質及策劃最佳行動方案。

◎ 人在厭惡時

上唇扭向一邊,鼻子微皺。這種表情幾乎全世界都一樣,這似乎在暗示:某種氣味令人噁心。達爾文認為這是為了關閉鼻孔,阻止吸入可厭氣味,或欲張嘴嘔出有毒食物。

◎ 人在悲哀時

悲哀的主要功能是幫助調適嚴重的失落感。悲哀減退了生命的活力與熱情,使人們對消遣娛樂全無興致,繼續下去幾成憂鬱,機體的新陳代謝也因之減慢。但這也提供了一個反省的機會:悲悼所失,同時細嚼生命希望之所在,重聚能量,重整旗鼓,從頭再來。

早期人類會把這種能量暫時衰退的人留在家裡,因為此

上篇　EQ 高，
　　　就是控制好自己的情緒，讓人相處舒服

時他們較脆弱，易遭受傷害。可見，悲哀是一種安全保護機制。這一機制可使機體以逸待勞、養精蓄銳，以備迎接挑戰。

所以，當你身處某個場合，剎那間有以上所述的特別的感受時，一定不要輕易否定，它或許就是此時心情最精確的表現。

很多時候，人們在知覺某事發生之前，已出現相應的生理反應。舉例來說，當怕蛇的人看到蛇的圖片時，皮膚上會有汗水冒出，這是焦慮的徵兆，但這個人並不一定感覺害怕。甚至在圖片只是快速閃過時，他甚至沒有意識到看見什麼，當然也不可能開始感到焦慮，還是會有冒汗的現象。

這種潛意識期的情緒刺激持續增強，最後終將突顯於意識層。

可以說，人們都有有意識和無意識兩層情緒。在意識層之下，某些激昂沸騰的情緒會嚴重影響人們的反應，雖然他們對此可能茫然不覺。比如說，你早上出門時摔了一跤，到公司時好幾個小時都因此煩躁不安，疑神疑鬼，亂發脾氣。但你對這種無意識層的情緒波動一無所察，別人提醒你時，你還頗為驚訝。

一旦這種反應上升到意識層，你便會對發生的事重新評估，決定是否拋開早上的事帶來的不愉快，換上輕鬆的心

第二章　了解自我
——高 EQ 者是自我覺知型的人

情。從這一意義來看，人們可以在情緒的自我意識的基礎上，培養自己走出惡劣情緒的能力。

放棄和你自己的關係

著名作家威廉・史泰隆在自述嚴重憂鬱的心境時，曾有十分生動的描述：「我感覺似乎有另一個自我與我相隨——一個幽魂的旁觀者，心智清明如常，無動於衷，帶著一絲好奇，旁觀我的痛苦掙扎。」

有些人在自我體察時，的確對令自己困擾的情緒瞭然於胸，彷彿另一個自我在半空中冷靜旁觀。「我在憤怒面前不能自已了！」有人這樣描述自己當時的情緒。

在這種場景中有兩個「我」，一個身臨其境、怒火中燒的「我」，一個旁觀的「我」。旁觀的「我」以局外人的身分來觀察自己，評判自己的情緒。這個時候，他與自己之間存在某種程度的距離，是以一種鳥瞰的方式來打量自己。與自我保持一定的距離，能夠更清楚地了解那個潛在的我，了解自己真實的情緒。

當你受到刺激需要發洩時，便可試著先強制自己冷靜，然後在腦子裡迅速地幻想出一個內心的旁觀者——這個人可以是潛在的自我，也可以是另外一個人——想像他就在你旁邊，注視著你，看你如何發洩不滿，內心正在嘲笑你。這時

上篇　EQ 高，
　　　就是控制好自己的情緒，讓人相處舒服

你便會覺得自己的行為有多麼不理智，就會重新審視自己的行為，從而獲得正確的處理辦法。

其實並不只是在有不良情緒時才需要自我分離，你可以隨時為自己設定這樣一個觀察自己的影子，來審視自己一段時間的行為。中國自古有「靜坐常思己過」一說，當你靜坐思過時，其實就已經在做一個內心旁觀者。此時，這個旁觀者會用社會賦予他的價值尺度來衡量行為的是非。

寬容、上進、樂觀是人們心中嚮往的正面的品格，自私、嫉妒、憤怒是人們不屑或擯棄的不良情緒，然而大多數時間，人們卻被這些不良情緒困擾。因為這些不良情緒合乎人們的生理欲望，極易出現。每一種想法都可能會導致你陷入某種情緒困境。而人的大腦每天都有 5 萬多個想法產生，隨之而來的情緒狀況可見一斑。情緒之複雜乃至於此，如果沒有良好的心態來駕馭，後果可想而知。

而駕馭這些情緒的關鍵就是自我反省、自我審視，做一個內心旁觀者。其實很多引起不良情緒的事情換個角度考慮一下，或站在別人的立場做一下換位思考，也許並沒有那麼壞。很多時候，正是因為我們不善於做內心旁觀者，被一時的情緒矇蔽，才導致當局者迷，無法客觀理智地看待發生在自己身上的事情。

第二章　了解自我
——高 EQ 者是自我覺知型的人

問一問自己的「WHWW」

　　自省是自我對動機與行為的審視與反思，是一種自我淨化心靈的手段。EQ 高的人最善於透過自省來了解自我。

　　從心理上看，自省所尋求的是健康積極的情感、堅強的意志和成熟的個性。它要求消除自卑、自滿、自私、自棄、憤怒等消極情緒，增強自尊、自信、自主和自強等良好的心理特質。自省是積極有為的心理，是人格上的自我認知、調節和完善。自省同自滿、自傲、自負相對立，也根本不同於自責、自卑這種消極病態的心理。

　　哲學家亞里斯多德認為，對自己的了解不僅僅是最困難的事情，也是最殘酷的事情。自我省察對每一個人來說都是很難的。真正認識自己、客觀而中肯地評價自己，常常比正確地認識和評價別人要困難得多。

　　心平氣靜地對他人、對外界事物進行客觀的分析評判，這不難做到。但當這把手術刀伸向自己的時候，人們就未必心平氣靜、不偏不倚了。

　　然而，自我省察是自我超越的前提。要超越現實水平上的自我，必須首先坦白誠實地面對自己，對自身的優缺點有正確的認知。強者在自省中認識自我，在自省中超越自我。自省是促使強者塑造良好心理特質的內在動力。

　　任何只停留在外表的修飾美化，如改善口才、風度、衣

上篇　EQ 高，
就是控制好自己的情緒，讓人相處舒服

著等，都無法使人真正得到成長。要徹底改變舊我，必須有一顆堅強的心來支撐你去經歷更高層次的蛻變。一個真正成熟的人應該在充分認識客觀世界的同時，看透自己。

在每個人的精神世界裡，都存在著矛盾的兩面：善與惡，好與壞，創造性和破壞欲。你將成長為怎樣的人，外因當然發揮作用，內省所起的作用也是不能低估的。你需要對自己不斷進行反思，在靈魂世界裡不斷地進行自我揚棄。

一個人在自己的生活經歷中，在自己所處的社會環境中，能否真正認識自我、肯定自我，如何塑造自我形象，如何掌握自我發展，將在相當程度上影響或決定著一個人的前程與命運。

換句話說，你可能渺小而平庸，也可能美好而傑出，這在相當程度上取決於你是否能夠反省。

認識自我是自信的基礎與依據。即使你處境不利，遇事不順，但只要你的潛能和獨特個性依然存在，你就可以堅信：我能行，我能成功。

一位美國心理學家提出了關於自我意識和自我監控的「WHWW」結構。「WHWW」分別指「Why」（為什麼）、「How」（怎麼樣）、「What」（是什麼）、「Where」（在哪裡）。心理學家認為，與人的任何活動一樣，自省也可以從為什麼、怎麼樣、是什麼和在哪裡這四個方面來進行分析：

第二章　了解自我
——高 EQ 者是自我覺知型的人

◎「為什麼」

自我意識和自我監控的內容就是動機，所解決的任務是對是否參與進行決策。

◎「怎麼樣」

自我意識和監控的內容是方法、策略，所解決的任務是對方法、策略進行決策。

◎「是什麼」

自我意識和監控的內容是結果、目標，所解決的任務是對取得什麼樣的結果和達到什麼樣的目標進行決策。

◎「在哪裡」

自我意識和監控的內容是情境因素，所解決的問題是對情境中的物理因素和社會因素進行決策和控制。

可見，按照「WHWW」結構，自我意識和監控具有動機自我意識監控、方法自我意識監控、結果自我意識監控和環境自我意識監控的四維結構。

一個情緒化嚴重的現代青年可能具有高智商，可是如果在「為什麼」這個維度上存在缺陷，那麼，將很難開發出智慧的潛能；同樣，在「怎麼樣」的問題上存在缺陷的現代人，可能整天忙忙碌碌，卻總是事倍功半；而在「是什麼」維度上不健全的人，則不能合理地估量事情的結果和結果對人生的意

> 上篇　EQ 高，
> 　　　就是控制好自己的情緒，讓人相處舒服

義，這樣的話，成功就容易與他失之交臂；至於在「在哪裡」這個問題上遇到麻煩的人士，他們會對社會環境以及自己在環境中的位置缺乏清晰的認知，不是高估自己，就是低估自己，從而導致自負或者自卑的消極情緒。

「捫心自問」是最好的反省方式。每一個渴望成功的人士都應問一問自己的「WHWW」，三思而後行，方能立於不敗之地。

神奇的自我意象理論

每個人都有巨大的潛能，都有自己獨特的個性和長處，都可以透過自省發揮自己的優勢，透過不懈的努力去爭取成功。

俗話說：人貴有自知之明。這實際上是說，每個人都應當對自己的素養、潛能、特長、缺陷、經驗等各種基本要素有清楚的認知，對自己在社會生活中可能扮演的角色有明確的定位。心理學上把這種有自知之明的能力稱為「自覺」，這通常包括察覺自己的情緒對言行的影響，了解並正確評估自己的資質、能力與局限性，相信自己的價值和能力等幾個方面。

在李開復給大學生的信中，有這樣的內容：

我的下屬中有一個「自覺心」明顯不足的人：他雖然有一些能力，但是自視甚高，總是對自己目前的職位不滿意，

第二章　了解自我
——高 EQ 者是自我覺知型的人

隨時隨地自吹自擂，總是不滿現狀。前一段時間，他認為我不識才，沒有重用他，決定離開我的組，並期望在微軟其他組中另謀高就。但是，他最終發現，自己不但找不到更好的工作，公司裡的同事也都對他頗有微詞，認為他缺少自知之明，期望和現實相距太遠。最近，他沮喪地離開了公司。接替他職位的，是一個能力很強，而且很有「自覺心」的人。雖然這個人在上一個職位工作時不很成功，但他明白自己升遷太快，願意自降一級來做這份工作，以便打好基礎。他現在的確做得很出色。

簡單地說，一個人既不能對自己的能力判斷過高，也不能輕易低估自己的潛能。對自己判斷過高的人往往容易浮躁、冒進，不善於和他人合作，在事業遭到挫折時心理落差較大，難以平靜地對待客觀事實；低估自己能力的人則會在工作中畏首畏尾、踟躕不前，沒有承擔責任和肩負重擔的勇氣，也沒有主動請纓的積極性。無論是上述哪一種情況，個人的潛力都不能得到充分的發揮，個人事業也不可能取得最大的成功。

有自知之明的人既能夠在他人面前展示自己的特長，也不會刻意掩蓋自己的欠缺。坦承自己的不足而向他人求教，不但不會降低自己，反而可以表明自己的虛心和自信，贏得他人的青睞。比如：當一個老闆對某個職員說「在技術上你是專家，我不如你，我要多向你學習」的時候，職員不但會

上篇　EQ 高，
　　　就是控制好自己的情緒，讓人相處舒服

認為這個老闆非常謙虛，也一定會對他更加信任，因為他了解自己的能力。

在微軟公司，大家在技術上互幫互學，在工作中互相鼓勵，沒有誰天天擺出盛氣凌人的架子，也沒有誰自覺矮人一頭，這就自然營造出了一種坦誠、開放的工作氛圍。

有自知之明的人在遇到挫折的時候不會輕言失敗，在取得成績時也不會沾沾自喜。認識自我的能力不僅僅可以幫助個人找到適合自己的空間及發展方向，也可以幫助企業建立起各司其職、協同工作的優秀團隊。

對於正確評價自己，自我意象（self-image）理論是一種非常簡單而有效的方法。

自我意象是在自我認知或自我意識的基礎上形成的，是根據自己過去成功或失敗的經驗、他人對自己的評價而不自覺形成的。

童年經驗對自我意象的形成有重要影響。自我意象側重於對自身價值、自身能力、自己在社會上的地位的猜想和評價。

自我意象雖然是不自覺形成的，但一旦形成，人們就會依據它去判斷自己，並指導自己的行動，而很少懷疑它的可靠性。

如果你的自我意象是一個低能者，你就會經常在自己內

第二章　了解自我
——高 EQ 者是自我覺知型的人

心深處的那塊螢幕上看到一個無所作為、不受人重視的平庸的小人物。而且，遇到困難時你會對自己說原因在於自己沒有能力；在生活和工作中，你會感到自卑、沮喪、無力。

如果你的自我意象是一個多才多藝者，你就會經常在自己內心深處的螢幕上看到一個辦事俐落、受人尊重、進取向上的自我。這樣，在任何情況下，你都會對自己說：我能做好。在工作中，你就會有自尊、愉快、好勝等良好的心態，更容易取得成績。

自我意象確立的原則是：在真實自我的基礎上，對自我的評價最好稍微高一些。這樣會使你信心更強，制定的目標更大，把你的潛力更多地挖掘出來。自我評價偏低，尤其是明顯偏低，是確立自我意象的大忌。那樣會損傷你的自信心，使你連現有的能力也發揮不出來，更不要說挖掘潛力了。

當你第一次獲得成功時，良好的自我意象就開始形成了。

對於許多人來說，有無良好的自我意象，有無自信心，往往首先取決於父輩是否有良好的自我意象。沒有良好自我意象的父母，很難培養出自信的孩子。

最需要調整的就是自卑的自我意象，當你總覺得自己一無是處、事事不如別人時，就應當主動修改自我意象。

上篇　EQ 高，
　　　就是控制好自己的情緒，讓人相處舒服

　　這時候，你應當牢固地樹立這樣的信念：我是造物主的獨特創造，在這個世界上，沒有第二個跟我完全相同的人。天生我才必有用，我一定有存在的價值，也一定能夠找到自己存在的價值，因為我是獨一無二的！

　　自我評價過高的自我意象也應調整。對自己估價過高，不僅不利於客觀地設定進取目標，還會破壞人際關係，給自己走向成功的道路設定許多障礙。

　　威廉・詹姆斯透過研究提出了一個公式，即：自足感＝成就 ÷ 抱負。這個公式顯示了一個人的自我感覺滿足與否，與個人的實際成就成正比，與抱負成反比。

　　如果一個人所取得的成就與其抱負相當，那麼他將對自己感到滿意，進而產生積極的自信感、成就感等。

　　如果成就小而抱負大，那麼此人將感到不滿足。他可能更加努力地取得成就，也可能放棄努力。

　　提高自信心的途徑，不外乎提高成績或降低抱負。

　　只有自信心與成就、抱負處於一種動態的平衡狀態，或一定程度的不平衡，即自信心越強、抱負越大，才有利於成就的取得和自我能力的提高。

　　堅定的信心與過於高大的自我意象，有時很難區分。獨特的見解、超凡脫俗的創造、別出心裁的設計、反潮流的行為……這些都是高級才智的表現。但是，這些表現在多數情

第二章　了解自我
——高 EQ 者是自我覺知型的人

況下,很難為多數人所接受。這時,堅持己見是自信心的表現,是有巨大創造才能的人所具備的一種心理特質。

可是,當你對自己的能力和貢獻大小的評價與多數人發生了分歧時,就應當考慮,是不是自己用高倍放大鏡放大了真實的自我。你要做的是盡量拉近真實的自我與自我意象之間的距離。

自我意象良好,自然會有自信心。可以說,良好的自我意象只不過是自信心的另一種表達方式。

有自信心的人通常的表現是,認為自己有智慧、有能力,至少不比別人差;有獨立感、安全感、價值感、成就感和較高的自我接受度;同時,有良好的判斷力,堅持己見,具有良好的合作精神和適應性。

自我意象如何,是能否取得成功的基礎。你覺得自己是個聰明的人,就不會在難題面前輕易罷休。你覺得自己將一事無成,就不會向更高的目標努力。

自信心是建立在良好的自我意象基礎之上的,它的方向始終指向遙遠的終點,指向困難,指向難以完成的事業。

而盲目自大的心理則源於對自己和別人都缺乏客觀的估價,容易導致坐井觀天,止步不前;它不指向未來,只著眼於眼前。

然而,優和劣之間的距離有時只有一步之遙。

上篇　EQ 高,
　　　就是控制好自己的情緒,讓人相處舒服

　　當自信心幫你建功立業之後,你躺在功勞簿上睡大覺了,而且自以為自己的功業前無古人,後無來者。這時,曾幫你建功立業的自信心就轉化為盲目自大了。而且,這種盲目自大將讓你固執己見、思想僵化。

第三章 管理自我 ——
能掌控自己情緒的人，跟誰都能處得來

接受你的負面情緒，不虐待自己

情緒管理的一個重要步驟是接受自己的情緒。情緒本身不受意願的控制，它更像是我們身體內的自然現象，說來就來，說去就去。例如：小孩子生氣了，我們不要說「不許生氣」或「生氣是不對的」，應該讓小孩子感受到，即使是生氣、悲傷等負面情緒也是被允許的。

通常，我們習慣於壓抑自己的情緒。當情緒和自我認知不一致時，我們會覺得痛苦，然後傾向於否定自己的情緒。其實，情緒這東西是掩蓋不住的，強行否定會使我們感受到很多壓力。在我們的文化中，對情緒有很深的誤解。人們往往認為產生情緒對一個人的修養有所損傷。

其實，有不良情緒是人類非常自然的狀態。當有危險的外在刺激出現時，我們就會產生害怕的生理反應及感受。當有外力要侵犯我們時，憤怒能嚇退敵人或爭取到生存的空間。而且，情緒更是情感的基本成分，人類也正因此才有美

上篇 EQ 高,
就是控制好自己的情緒,讓人相處舒服

好豐富的感情生活。

因此,當我們學會辨識情緒後,還要進一步學會接受情緒。所謂接受,就是不加指責地承認情緒的真實性,不加指責地承認自己有產生和表達這種情緒的權利。

雖然我們的某些情緒是不值得肯定或贊同的,但我們首先應該接受它們。因為只有接受情緒,才能減輕內心的焦慮和不安全感,最終有利於情緒重建和情感表達,形成積極的情感狀態。

如果你已經能夠接受自己的情緒,那麼就要考慮下一個問題 —— 用合適的方式表達情緒。

很多人認為有情緒就表達出來是一種不穩重的行為,他們希望自己很成熟,什麼事情都能藏在自己心裡。但這是一種不負責任的做法。不管是誰,都應該學會表達自己的情緒。這是因為:

◆ 情緒沒有表達出來,你無法對周圍的人傳遞內心資訊。資訊被困在心中,一旦衝破堤防,可能會失去控制。
◆ 情緒沒有表達,就剝奪了自己得到希望的結果的機會。比如你喜歡某人時,如果不表達出來,可能就會失去相互欣賞的機會。
◆ 情緒的累積會產生身體上的壓力,最後會以疾病的方式表現出來。

第三章　管理自我
——能掌控自己情緒的人，跟誰都能處得來

◆ 不表達自己的情緒，別人就無法了解你。情緒是個性的一部分，你關閉了情緒表達的大門，同時也就關閉了與朋友、家人、同事心靈接近的機會。

所以，我們有充分的理由表達自己的情緒，更有義務教導孩子表達自己的情緒。

表達情緒不僅對個人很重要，而且在企業管理中，也能收到很好的效果。

密西根大學社會研究院的研究員發現，一家公司中如果有人常常對工作發牢騷，那麼，這家公司一定比那些所有員工都把牢騷埋在肚子裡的公司成功得多。

為什麼會出現這種現象呢？這好像跟常理相反，但仔細分析就會發現，道理其實很簡單：員工把不滿發洩出來，是在提醒管理者，「有什麼事情不對了，我們要做出反應」，就可以讓管理者發現經營中存在的種種問題，從而著手解決。

表達情緒沒有正確和錯誤之分，問題的關鍵在於如何選擇表達的具體方式。我們要知道，不管情緒多麼強烈，傷害他人或自己的過激行為都是不被允許的。一個有壞情緒的人要尋找適合自己的疏通情緒的方式，比如傾訴、彈琴等等。

很多父母讓孩子用「寫日記」的方式來整理情緒。事實證明，這也是一種很好的表達情緒的方式。

上篇　EQ高，
就是控制好自己的情緒，讓人相處舒服

情緒化是幸福的殺手

一個週末的傍晚，凱勒在後陽臺上整理白天拿出來晒的舊書，正巧看見與他相隔一條防火巷的鄰居在陽臺上洗碗。

鄰居動作十分俐落，碗盤鏗鏘作響，像是在發洩她內心深處的不平與埋怨。

這時候，她丈夫從客廳端來一杯熱茶，雙手捧到她面前。

如此感人的畫面，差點讓凱勒落淚。

為了不驚擾他們，凱勒輕手輕腳地收起書本往屋裡走。正要轉身，他聽到那女人說道：「別在這裡假好心啦！」

丈夫低著頭又把那杯茶端回屋裡。

凱勒想，那杯熱茶一定在瞬間冷卻了，像他的心。

鄰居邊洗邊抱怨：「端茶來給我喝？少惹我生氣就行了。我真是苦命啊！早知道結婚要這麼做牛做馬，不如出家算了。」

也許她需要的不是一杯熱茶，而是有人來分擔她的家務。但是，在丈夫對她獻殷勤的時候，實在沒有必要把不滿情緒發洩到對方身上。

沒有人是天生注定不幸福的，除非你自己關起心門，拒絕幸福之神來訪。記住，情緒化是自身幸福的殺手。

有些人只要情緒一來，就什麼都不顧，什麼難聽的話都

敢說，什麼傷人的話都敢罵，甚至不計後果，釀出大禍來。這就是人的情緒化。

那麼，人的情緒化行為有哪些特徵呢？

◎ **行為的無理智性**

人的行為應該是有目的、有計畫、有意識的。人區別於其他動物的特點之一，就在於行為的理智性。但是，情緒化行為往往缺乏這一點：不僅「跟著感覺走」，而且「跟著情緒走」。

◎ **行為的衝動性**

人的行為本應受意志的控制。但是，人的情緒化行為反映了意志控制力的薄弱，是一種出於衝動的行為。

情緒化行為看起來力量很強，然而不能持續很長的時間。這種衝動性行為往往會帶來破壞性的後果。

◎ **行為的情境性**

情緒化行為的顯著特點是，人極易被生活環境中與自己切身利益相關的刺激所左右。因此，這種行為就顯得簡單、原始，比較低階。如果他人故意製造一個情境，那麼，有些人就會按照他人預設的方式行動，就會上當受騙。

上篇　EQ 高，
　　　就是控制好自己的情緒，讓人相處舒服

◎ 行為的不穩定性

人的行為總有一定的傾向性，而且這種傾向性一經形成，會顯得非常穩定。但是，人的情緒化行為卻具有多變、不穩定的特點。喜怒哀樂變化無常，給人一種捉摸不定的感覺。

◎ 行為的攻擊性

這類人忍受挫折的能力相當低，很容易將自己受到挫折產生的憤怒情緒表現出來，向他人進攻。這種攻擊常常以語言或表情的方式出現，比如不明不白地諷刺挖苦他人，讓他人難堪等。

情緒化行為的上述特點使它具有不少消極性。例如：情緒化行為會成為個人心理發展的障礙，使人變得缺乏理智、不成熟，很容易激動發脾氣，造成不堪設想的後果。

對於群體來說，過多的情緒化行為會妨礙人與人之間的融洽與和睦。對於社會來說，當人的情緒化行為成為一種傾向時，有可能會造成重大的損失。

那麼，應該怎樣控制自己的情緒化行為呢？

◎ 要承認自己情緒的弱點

每個人的情緒都有其優劣性，一定要認識自己的情緒，不能迴避，不能視而不見。

第三章　管理自我
——能掌控自己情緒的人，跟誰都能處得來

譬如：有些人好衝動，而且一衝動就控制不住自己。怎麼辦？首先，你要承認自己有這個毛病，在承認的基礎上，再認真分析自己好衝動的原因，找一些方法去克服。這樣做可以隨時提醒自己：不可放縱自己！

◎ 要控制自己的欲望

人的情緒化行為大都是因為自己的欲望和需要得不到滿足而產生的。因此，要降低過高的期望，擺正「索取與貢獻、獲得與付出」的關係，才可能防止衝動的情緒化行為。

◎ 要學會正確認識、對待社會上存在的各種矛盾

要學會全面觀察問題，多看主流，多看光明面，多看積極的一面，這樣能使自己發現生存的意義和價值，使自己樂觀一點，增加克服困難的勇氣，增加自己的希望、信心。這樣，即使遇到嚴重挫折，你也不會氣餒，不會打退堂鼓。

◎ 要學會正確釋放、宣洩自己的消極情緒

一般來說，人在處於困境時容易產生不良情緒。當這種不良情緒長期壓抑，不能釋放，就容易產生情緒化行為。

高 EQ 的人懂得在必要的時候將消極情緒適時地釋放、宣洩，譬如找朋友談心，找一些有樂趣的事情做，從中尋找自己的精神安慰、精神寄託。

上篇　EQ 高，
　　　就是控制好自己的情緒，讓人相處舒服

愛情保鮮法則：累了倦了說出來

　　在夫妻的相處過程中，有些人不願意向另一半表露自己的糟糕情緒，或是出於不想讓對方擔心的好意，或是怕表露出來有損自己在對方心目中的好形象，還有些人是不想自己表露而是等對方來發現。

　　其實，掩飾自己的情緒是最不理智的一種情緒管理方式。你越掩飾，情緒反擊得就越強烈。

　　當妻子從公司回到家時，她的肩都累得要塌下來了。進門看見丈夫正坐在沙發上看報紙，妻子懶得多說話，無精打采地開始洗米、摘菜。

　　當鍋裡的油開始歡騰時，丈夫蹭到妻子背後，笑著說：「我們公司……」不想妻子突然打斷丈夫的話，大喝一聲：「走開！」丈夫嚇得不輕，待要發問卻見妻子臉色不佳，只好把話嚥下去。

　　接著，妻子開始重重地摔盤扔碗，見丈夫在廚房門口站著，又甩出一句：「就知道吃！」丈夫覺得妻子無事生非。於是一場爭吵就此開始。最後丈夫披上外套摔門而去，妻子則扔了炒勺坐在沙發上抹淚。

　　其實，妻子平時是樂於做晚飯的，可是這一天她實在太累了。但是，一貫賢淑的她不會一回家就叫：「餓死我啦！累死我啦！老公快做飯！」她隱忍著繼續扮演賢淑的主婦角色，也就是壓抑自己的不滿情緒，但最終怨氣還是突然爆發

第三章　管理自我
——能掌控自己情緒的人，跟誰都能處得來

出來了。

如果妻子願意向丈夫袒露她的難處，請求丈夫過來做幫手或主廚，她心中的怨氣也就沒有了。丈夫只覺得「走開」刺耳，卻沒洞察到隱藏在這兩個字背後的妻子的真實需求。其實丈夫不是不願做，是不知道今天很需要他做。如果妻子把「就知道吃」換成「我很累，親愛的，你能幫我一把嗎？」只要這麼簡單地一變，局面肯定就變成另外一種樣子了。

一個高 EQ 的人是不會去掩飾情緒的，而是會去積極主動地管理自己的情緒。

愛情保鮮法則，開始於真正的理解，發展於觸及實質的交流，結束於以愛回報的互助。靜思一下，我們不難發現，有些時候將你的壞情緒或者好想法在合適的時間告訴你的另一半，那麼壞情緒就能被紓解而不會影響夫妻感情；好的想法也會被對方欣然接受，而不是隨口否定，惹得雙方都不開心。

那麼，如何表達你的壞情緒和好想法才能達到愛情保鮮的作用呢？以下六條「愛情保鮮法則」可以為你提供一些幫助：

◎ 晨起提意見

常言道：「一日之計在於晨。」為了新的一天裡更好地生活和工作，夫妻倆可以在起床後進行一些簡單交流，有什麼意見和看法，在臨上班前提出來最適宜。

上篇　EQ 高，
　　　就是控制好自己的情緒，讓人相處舒服

◎ 回家展幽默

　　一天的辛苦工作之後，夫妻雙方都會很疲憊，有時還會把工作中的壓力帶回家，此時難免會心情不好。所以，夫妻二人回家初碰面的那一刻，不應是發洩的時候，而該是「營造氣氛」的時機，為整晚營造一份好心情。

◎ 吃飯尋開心

　　餐桌上，是夫妻二人最好的交流地點。吃晚飯時，夫妻最好在飯桌上談些開心的事兒，來沖淡一天的焦慮和煩躁。愉快的心情可以增加食欲，消除一天的疲憊，增進彼此的了解，這對於特別忙的夫妻更為適用。

◎ 飯後做家務

　　飯後，夫妻倆應共同收拾、洗涮一番。邊做家務邊聊天，是夫妻間最好的一種交流方式，既沒有把家務都壓在一個人身上，又很好地溝通了夫妻情感，表示出了做丈夫的對妻子的尊重和做妻子的對丈夫的體貼。

◎ 電視要休息

　　如今串流媒體越來越豐富，如果進行「長期作業」，就減少了夫妻間語言、心理和思想上的交流。所以，當夫妻倆看完一個精采的節目之後，最好來一個「中場休息」，轉換到「夫妻頻道」上來，關上電視機，手機放一邊，兩口子當一回「節目主持人」，互相了解對方一天的生活。

第三章　管理自我
——能掌控自己情緒的人，跟誰都能處得來

◎ 睡前多讚美

入睡之前，對愛人的讚美無疑是一首動聽的「催眠曲」。想一想，愛人在這一天中，做成了哪些事，有什麼不平凡的表現，這時認真地總結出來，給予讚美，當可舒筋活絡，鬆弛神經，一夜好眠。

最好的成長是面對負能量，並幹掉它們

保羅在一家夜總會裡做事，收入不多，然而，他總是過著非常快樂的生活。

保羅很愛車，但是，憑他的收入，買車是不可能的事情。與朋友們在一起的時候，他總是說：「要是有一輛車該多好啊！」眼中盡是嚮往之情。

後來有人說：「你去買樂透吧，中了大獎就可以買車了！」於是保羅買了兩塊錢的樂透。不可思議的是，保羅就憑著一張兩塊錢的樂透中了大獎。

保羅終於實現了自己的願望，買了一輛車，整天開著兜風，夜總會也去得少了。許多人看見他吹著口哨在林蔭道上行駛，車子擦得一塵不染。

一天，保羅的車被盜了。剛開始，保羅很是氣憤，他恨死那個偷車賊了。那天晚上，他鬱悶了很久。但第二天早上，他又變得很開心了。

幾個朋友得知保羅的車被偷的消息之後，想到他那麼愛車如命，都擔心他受不了，就相約來安慰他。

上篇 EQ 高，
就是控制好自己的情緒，讓人相處舒服

保羅正準備去夜總會上班，朋友們說：「保羅，車丟了，你千萬不要悲傷啊！」

保羅卻大笑起來：「嘿，我為什麼要悲傷啊？」

朋友們疑惑地互相望著。

「如果你們不小心丟了兩塊錢，會悲傷嗎？」保羅說。

「那當然不會！」有人說。

「是啊，我丟的就是兩塊錢啊！」保羅笑道。

是的，不要為兩塊錢而悲傷。保羅之所以過得快樂，就因為他能夠駕馭生活中的負面情緒。換一個角度，就能得到快樂。有時候我們需要具有阿Q精神，生活就會輕鬆很多。

負面情緒會成為人們前進道路上的桎梏，如果對它採取放任自流的態度，很容易影響生活。一個不能丟掉負面情緒的人，是不可能成功的。

某間電話公司遇到了這樣一件事：

有一天，一個氣勢洶洶的客戶對該公司的接線生口吐惡言。他怒火中燒，威脅說要把電話連線拔起。他拒絕繳付那些費用，說那些費用是無中生有。他寫信給報社，並到公共服務委員會做了無數次申訴，也告了電話公司好幾狀。

最後，電話公司派了一個最幹練的調解員去會見他。

調解員來到那個客戶家裡，道明來意。憤怒的客戶痛痛快快地把自己的不滿全發洩了出來。調解員靜靜地聽著，不

第三章　管理自我
——能掌控自己情緒的人，跟誰都能處得來

斷地說「是的，是的」，對他的不滿很是同情。第一次見面花了 6 個小時。

就這樣，調解員與憤怒的客戶一共見了四次面，到最後，那位客戶竟然變得友善了起來。

調解員說：「在第一次見面的時候，我甚至沒有提出去找他的原因，第二、第三次也沒有。但是第四次我把這件事完全解決了，他把所有的帳單都付了，而且撤銷了申訴。」

事實上，那個客戶所要的只是一種被別人當作重要人物的感覺。於是，當他充分獲得那種感覺之後，無中生有的牢騷就化為烏有了。

這個高 EQ 的調解員就這樣輕而易舉地駕馭了那個客戶的負面情緒。

保持健康的情緒狀態，還需要在頭腦中裝上一個控制情緒活動的「閥門」，讓情緒活動聽從理智和意志的節制。

凡是能用理智和意志有效地節制情緒的人，也就能基本保持情緒的平靜和穩定，這是取得成功的關鍵。

駕馭自己的負面情緒，努力發掘、利用每一種情緒的積極因素，是一個高 EQ 者所需的基本素養，也是一個人成功的基本保證。但許多不善於利用自己情感智力的人，在負面情緒侵擾自身的時候，往往會感到無所適從，心靈任其啃噬。

上篇　EQ 高，
　　　就是控制好自己的情緒，讓人相處舒服

　　有不少人特別在意別人對自己的看法，比如：自己穿了一件新衣服，別人會怎樣評價；自己的某個動作，別人會如何看待；甚至自己不小心說了一句什麼話，也會後悔不迭，總擔心別人會因此對自己有看法。生活在別人的眼光中是非常累的，這無疑會對自己的情緒產生負面影響。

　　莫娜是這屆運動會上公認的奪冠人選，她進場時引起了全場觀眾的歡呼，她也很高興地跟大家揮手致意。不料，這時的她被臺階絆了一下，摔倒了。

　　面對如此多的觀眾，莫娜感到十分沒面子，心裡升騰起一種羞愧的感覺。直到進入比賽，她還沒有從羞愧的情緒裡走出來。結果，她沒有發揮出自己應有的水準，比賽成績遠遠落在了其他隊員的後面。

　　其實，有些事根本就不值一提，別人壓根沒有在意或早已忘卻，只有你還耿耿於懷，這就是人們無法戰勝自己的表現。人們總是努力地去扮演一個完美主義者的形象，然而這似乎太苛刻了，只會給自己的心理造成障礙。

　　通常，有負面情緒的時候，我們總是很容易反覆去想這事，甚至上綱上線。比如：主管讓你寫個方案，然後說你的方案這也不好，那也不妥。很多人就會放大這件事，主管是不是對我有意見啊？是不是覺得我不是名校畢業的，就看不起我？是不是哪個同事去主管那說我壞話了？

　　這時候，其實最好的做法就是就事論事。這也不好，那

就改這；那也不妥，那就改那。改完了，繼續提交。就是這麼簡單。

在契訶夫的小說《小公務員之死》中，那個可憐的小公務員在看戲時，很不幸地與部長大人坐到了一起，更不幸的是他把自己的唾沫星子弄到了部長大衣上，他就變得惶惶不安起來。無論他如何解釋，部長大人好像都沒有原諒他的意思。這個小公務員在巨大的精神壓力下，竟然一命嗚呼了。

在生活中，同樣有不少人會把不經意的小事裝在心裡，寢食難安，影響了自己的正常生活。其實，生活中小小的失誤不妨忘掉，丟掉心中的負面情緒，學會輕鬆生活，那樣，一切都將美好起來。

改善情緒七法

看到1美元上的華盛頓肖像，看到他白色鬈髮映襯下的那平靜、自信的面龐，你大概難以相信他年輕時曾有一頭紅髮，脾氣火爆吧？要是他沒有學會有效管理自己的情緒，改變自己的壞習慣，恐怕無法成為叱吒風雲的領袖，也就不會成為美國第一任總統。

對於自己的個性，你不應再聽之任之。要知道，只有積極主動地控制情緒，才能塑造好的形象，讓別人喜歡你，願意跟你合作。

上篇　EQ 高，
就是控制好自己的情緒，讓人相處舒服

以下為大家介紹七種有效改善情緒的方法：

◎ 主動迴避法

如果你與同事剛剛發生了激烈的爭吵，最好先暫時迴避他，這樣就可以做到眼不見，心不煩，怒氣自消。

◎ 主動釋放法

把心中的不平和憤怒向你認為適合的人和盤托出。平時與人相處不可能不產生意見、隔閡，經常交換意見，把話說清楚，也是平息怒氣和增強團結的方法。

◎ 轉移目標法

如果你在生氣時始終想著讓你生氣的事情，那麼最後的結果只會是越想越生氣。相反，如果你能有意識地透過其他途徑或者方式來轉移自己的焦點，例如聽音樂、逗孩子玩等，積極地接受另一種刺激，就可以轉移大腦興奮點，使憤怒情緒在不知不覺中消失。

◎ 意識控制法

千萬別被憤怒牽著走，給自己冷靜的時間。比如：發怒時從 1 數到 10，先讓自己平靜下來，或者心中反覆默念「別生氣」、「不該發火」等，常會收到一定的效果。從本質上說，該方法是用自己的道德修養、知識水準使憤怒情緒難以發生或降低強度。

第三章　管理自我
──能掌控自己情緒的人，跟誰都能處得來

如果是比較大型的負面情緒，那就換個環境，脫離讓你生氣的人和事，比如出門散個步，逛個街，離開現場你會平靜得快一些。

◎ 積極溝通法

不生氣時，試著去和經常讓你生氣的人談談，聽聽彼此最容易發怒的事，想一個溝通感情的方式，不要生氣。也可約定寫張紙條，或進行一次緩和情緒的散步，這樣你們便不必繼續用毫無意義的怒氣來彼此虐待。

◎ 自我解脫法

應該經常提醒自己，任何自己認可的事，均可能遭到半數人的不贊同。有了這個心理準備，你就不會選擇生氣。

◎ 強迫記錄法

寫一份「動怒日記」，記下自己動怒的時間、地點和對象、原因，強制自己誠實地記錄所有動怒行為。你很快就會發現，光是記錄這些麻煩事就可迫使自己少生氣了。

日常生產力和效率實際上取決於你的心情。往往，快樂的人能更有效地工作，有更好的人際關係。而做一個快樂的人並不難，只是你必須知道如何管理自己的情緒。每當你感覺不爽想發火時，不妨試試以上調節心情的方法，會讓你的心情更加美麗。

上篇　EQ 高，
　　　就是控制好自己的情緒，讓人相處舒服

真正 EQ 高的人，都自帶這種屬性

　　和所有忠實的回教徒一樣，阿拉伯人相信穆罕默德在《古蘭經》上所寫的每一句話，認為那都是真主阿拉的聖言。當《古蘭經》上說「真主創造你，以及所有的行為」時，他們完完全全地接受下來。這就是他們能夠安詳地生活著，即使事情出了差錯，也不發沒必要的脾氣的原因。他們知道，事情是早就注定好的，除了真主，沒有人能夠改變任何事。不過，這並不表示他們在面對災難時只是坐著發呆。

　　撒哈拉是世界上最乾旱的沙漠，住在撒哈拉的阿拉伯人經常會遭受炙熱暴風的考驗。

　　一次，暴風一連吹了三天三夜，風勢很強勁、很猛烈。暴風十分熱，吹得人頭髮似乎全被燒焦了，喉嚨又乾又焦，眼睛熱得發痛，嘴裡都是沙礫。人似乎站在玻璃廠的熔爐之前，被折騰得接近於瘋狂的邊緣。但阿拉伯人並不抱怨。

　　暴風過後，他們立刻展開行動：把所有的小羔羊殺死，因為他們知道那些小羔羊反正是活不成了，而殺死牠們則可以挽救母羊。在屠殺了小羊之後，他們就把羊群趕到南方去喝水。

　　所有這些行動都是在冷靜中完成的，對於損失，他們沒有任何憂慮、抱怨。部落酋長甚至說：「這還算不錯。我們本以為會損失所有的一切，但是感謝上帝，我們還有百分之四十的羊活了下來，可以從頭再來。」

第三章　管理自我
——能掌控自己情緒的人，跟誰都能處得來

曾經有一個記者敘述了自己的一段經歷：

記者乘車子橫越大沙漠時，一顆輪胎爆了，司機又忘了帶備用胎，所以他們只剩下三顆輪胎。又急又怒又煩的記者問那些阿拉伯人該怎麼辦。他們說，著急於事無補，只會使人覺得更熱。車胎爆掉是天意，沒有辦法可想。

於是，他們又開始往前走，就靠三顆輪胎前進。沒過多久，車子又停了，汽油用光了。但阿拉伯人並沒有因司機加的汽油不足而向他大聲咆哮，反而一直保持冷靜。後來，他們徒步到達目的地，一路上還不停地唱歌。

住在撒哈拉的阿拉伯人幾乎是沒有煩惱的，無論在多惡劣的條件下，他們都保持著快樂的心境——因為他們學會了自我安慰、冷靜思考。真正 EQ 高的人，都自帶這種屬性。

所以，在事情已成定局難以挽回的時候，我們不妨使用精神勝利法維護自尊心和自信心，以圖再度振作。

幾隻狐狸同時走到葡萄架下，卻無法吃到葡萄。

第一隻自我安慰說葡萄是酸的，自己不想吃，走了。

第二隻不斷地用力往上跳，不抓到葡萄誓不罷休，最終耗盡體力累死在葡萄架下。

第三隻狐狸吃不到葡萄便破口大罵，抱怨人們為什麼把葡萄架得這麼高，不料被農夫聽到，一鋤頭把牠打死在地。

第四隻因生氣抑鬱而終。

上篇　EQ 高，
就是控制好自己的情緒，讓人相處舒服

第五隻犯了瘋病，整天口中唸唸有詞：「吃葡萄不吐葡萄皮……」

想想，哪隻狐狸的 EQ 更高？

心理學家認為，人的自我評價來自價值選擇。當消極的情緒困擾你的時候，改變原來的價值觀，學會從相反的方向思考問題，就會使你的心理和情緒發生良性變化，從而得出完全相反的結論。

這種運用心理調節的過程，叫做反向心理調節法。它能使人戰勝沮喪，從不良情緒中解脫出來。

兩個工匠去賣花盆，途中翻了車，花盆大半打碎。

悲觀的工匠說：「完了，壞了這麼多花盆，真倒楣！」

而另一個工匠卻說：「真幸運，還有這麼多花盆沒有打碎。」

後一個工匠運用反向心理調節法，從不幸中挖掘出了幸運的因素。

很多情況下，痛苦與快樂並不是由客觀環境的優劣決定的，而是由自己的心態、情緒決定的。遇到同一件事，有人感到痛苦，有人卻感到快樂，EQ 不同的人會得出不同的結論。

在煩惱的時候，與其在那裡唉聲嘆氣、惶惶不安，不如拿起心理調節的武器，從相反的方向思考問題，使情緒由陰

第三章　管理自我
——能掌控自己情緒的人，跟誰都能處得來

轉睛，擺脫煩惱。

俄國作家契訶夫曾寫道：「要是火柴在你口袋裡燃燒起來，你應該高興，並且感謝上蒼，多虧你的口袋不是火藥庫。要是你的手指扎了一根刺，你應該高興，幸好，這根刺不是扎在眼睛裡……照我的勸告去做吧，你的生活會歡樂無窮。」

人在憤怒的時候 EQ 為零

高 EQ 的重要特點是：學會制怒，不輕易受到傷害。

人在憤怒時千萬要注意兩點：第一，不可惡語傷人，這不同於一般的發牢騷，可能對別人造成深刻的傷害；第二，不可因憤怒而輕洩他人的隱私，這會使你不再被他人信任。總之，無論怎樣憤怒，千萬不能做出無可挽回的事來。人在受傷害後最好的制怒之術是克制忍耐，等待時機。

有一個小男孩常常無緣無故地發脾氣。一天，他父親給了他一大包釘子，讓他每發一次脾氣都用鐵錘在後院的柵欄上釘一顆釘子。

第一天，小男孩共在柵欄上釘了 37 顆釘子。

過了幾個星期，小男孩漸漸學會了控制自己的情緒，每天在柵欄上釘釘子的數目逐漸減少。他發現控制自己的壞脾氣比往柵欄上釘釘子要容易得多……最後，小男孩變得不愛發脾氣了。

上篇　EQ 高，
　　　就是控制好自己的情緒，讓人相處舒服

　　他把自己的轉變告訴了父親。父親又建議說：「從今天起，如果你一天沒發脾氣就從柵欄上面拔一顆釘子下來。」小男孩照著父親的要求做了。終於，柵欄上面的釘子全拔完了。

　　父親拉著他的手來到柵欄邊，對他說：「兒子，你做得很好。但是，那些釘子在柵欄上留下那麼多小孔，柵欄再也不是原來的樣子了。當你向別人發過脾氣之後，你的言語就像這些釘子一樣，會在人們的心靈中留下疤痕。無論你說多少次對不起，那些傷口都會永遠存在。」

　　因為自己發脾氣而對他人造成的傷害，往往怎樣彌補也無濟於事。所以，我們寧可事前小心，而不要事後悔恨。在生氣的時候，記得留下退一步的餘地，以免無法挽回。

　　在現實生活中，有人只顧一時的口舌之快，有意無意地對他人造成了傷害，殊不知這些傷害就像釘孔一樣，也許永遠都無法彌補。

　　憤怒是情緒中可怕的暴君。憤怒行為會傷害他人，也會傷害自己。培根說：「憤怒就像地雷，碰到任何東西都一同毀滅。」如果你不注意培養交往中必需的 EQ，培養自己忍耐、心平氣和的性情，一碰到「導火線」就暴跳如雷，情緒失控，再好的人緣，也會因此全部被「炸」掉。

　　心理學家認為，生氣是一種不良情緒，是消極的心境，它會使人悶悶不樂、低沉陰鬱，進而阻礙情感交流，導致內

第三章　管理自我
——能掌控自己情緒的人，跟誰都能處得來

疲與沮喪。有關醫學數據認為，憤怒會導致高血壓、胃潰瘍、失眠等。據統計，情緒低落、容易生氣的人，患癌症和神經衰弱的可能性要比正常人大。憤怒是一種人體中的心理病毒，會使人重病纏身，一蹶不振。可見，憤怒對人的身心有百害而無一利。

怒氣似乎是一種能量，如果不加控制，它會氾濫成災；如果稍加控制，它的破壞性就會大減；如果合理控制，甚至可能對自己有所幫助。

◎ 疏導而不是壓抑

交通擁擠的十字路口，整個路面成了車的海洋，鳴笛聲充斥於耳。偶爾有一時氣憤難平的司機不顧安全往前擠，不僅會造成人為災難，而且會使整個交通處於癱瘓混亂狀態。如果沒有交警的管理疏導，不知道會塞到什麼時候，造成怎樣的後果。假如一個人的情緒失控，不加以疏導的話，會發生什麼情況呢？

研究顯示，失去控制、大發雷霆的人通常都經歷了情緒累積的過程。每一次拒絕、侮辱或無禮的舉止，都會給人遺留下激發憤怒的「殘留物」。這些殘留物不斷地積澱，急躁心理會不斷增強，直到失去「最後一根稻草」，個人對情緒的控制完全喪失。所以制怒的最好方法不是壓抑自己的怒氣，而是進行恰當的疏導。

上篇　EQ 高，
　　　就是控制好自己的情緒，讓人相處舒服

傑拉德完全被激怒了，他一把抓起電話機，把它狠狠地丟出了辦公室。他的業務團隊被他的狂怒嚇壞了。

傑拉德之所以會大動肝火，是因為他剛剛經歷了一項改善團隊管理的活動。在這個活動中，他們的工作任務沒有完成，這使得傑拉德的情緒非常壞。不幸的是，他又碰到其他掃興的壞事情，於是，累積起來的情緒就爆發出來。

在一位顧問的指導幫助下，傑拉德了解到，從總公司參加會議回來後，他就一直處於很壞的情緒狀態中。如果他能花幾分鐘時間放鬆一下，就根本不可能發火。

有了這個教訓以後，他再遇到不順心的事情，或者面對壓力時，總會用 10 分鐘的時間到附近的公園走一走，使自己平靜下來。在參加會議時，如果他感覺到憤怒開始困擾自己，就立刻開始做深呼吸，或者透過把手壓在臀部下面等方式來控制自己。

這些放鬆行為，最起碼能夠阻止他提出最衝動的反對意見，阻止他採取過激行為，比如奪門而出。在完全接受了控制自我情緒的觀點以後，他逐漸掌握了控制和調整自己的情緒和行為的技巧。

那麼，一個已經被惹怒的人怎樣制怒呢？

第一步：對自己以往的行為進行一番回憶評價，看看自己過去發怒是否有道理，是否遷怒於別人。老闆對下屬發火，原因是下屬工作失誤；這位下屬不敢對老闆生氣，回來對妻子亂發脾氣；妻子沒辦法，只好對兒子發脾氣；兒子對

第三章　管理自我
——能掌控自己情緒的人，跟誰都能處得來

貓發脾氣。這一連串的發怒行為中，只有老闆對下屬發脾氣是有些緣由的，其他則都是無中生有。

所以，在發怒之前，你最好分析一下，發怒的對象和理由是否合適，方法是否適當，這樣發怒的次數就會減少90%。

第二步：看輕外因的傷害性。生活中我們可以觀察到，易上火的人對雞毛蒜皮的小事都很在意。別人不經意的一句話，他會耿耿於懷。過後，他又會把事情往壞處想，結果，越想越氣，終至怒氣沖天。脾氣不好的人喜歡自尋煩惱，沒事找事。

制怒的技巧是，當怒火中燒時，立即放鬆自己，命令自己把激怒自己的情境「看淡看輕」，避免正面衝突。當怒氣稍減時，對激怒自己的情境進行客觀評價，看看自己到底有沒有責任，惱怒有沒有必要。

第三步：巧妙地發洩自己的憤怒，而不傷害別人。如果你生氣了，出去散散步或做一次劇烈運動，或者看一場電影娛樂一下，怒氣就會消減不少。

如果某人脾氣暴躁、經常發火，僅讓他自己改正往往並不能持久，那麼就必須找一個監督員。一旦他露出發怒的跡象，監督員應立即以各種方式加以暗示、阻止。監督員可以由自己最親近的人來充當。這種方法對下決心制怒但又不能自控的人來說尤為適合。

上篇　EQ 高，
　　　就是控制好自己的情緒，讓人相處舒服

◎ 忍耐一下，怒氣會自然消退

　　從前，有一個農夫因為一件小事和鄰居爭吵起來，爭論得面紅耳赤。最後，那個農夫氣呼呼地去找牧師評理。牧師被公認為當地最有智慧、最公道的人，他肯定能斷定誰是誰非。

　　「牧師，您來幫我們評評理吧！我那鄰居簡直不可理喻！他竟然……」那個農夫怒氣沖沖，一見到牧師就開始了他的抱怨和指責。但當他正要大肆講述鄰居的不是時，被牧師打斷了。

　　牧師說：「對不起，正巧我現在有事，麻煩你先回去，明天再說吧。」

　　第二天一大早，農夫又憤憤不平地來了。不過，他顯然沒有昨天那麼生氣了。

　　「今天您一定要幫我評個是非對錯，那個人簡直是……」他又開始數落起鄰居的惡劣行為。

　　牧師不快不慢地說：「你的怒氣還沒有消退，等你心平氣和後再說吧！正好我昨天的事情還沒有辦完。」

　　接下來的幾天，農夫沒有再來找牧師。有一天，牧師在前往布道的路上遇到了他。他正在農地裡忙碌著，心情顯然平靜了許多。

　　牧師問道：「現在你還需要我來評理嗎？」說完，他微笑著看著對方。

　　農夫羞愧地笑了笑，說：「我已經心平氣和了！現在想

第三章　管理自我
——能掌控自己情緒的人，跟誰都能處得來

來那也不是什麼大事，不值得生那麼大的氣，給您添麻煩了。」

牧師心平氣和地說：「這就對了，我不急於和你說這件事情，就是想給你思考的時間，讓你消消氣啊！記住，任何時候都不要在氣頭上說話或行動。」

很多時候怒氣會自然消退，稍稍耐心等待一下，事情就會悄悄過去。常言道：忍一忍，風平浪靜；退一步，海闊天空。忍耐一下，怒氣會自然消退。關於這一點，林肯深有體會，並總結出一種巧妙的方法。

一天，陸軍部長斯坦頓來到林肯那裡，很生氣地說一位少將用侮辱性的話指責了他。林肯建議他寫一封內容尖刻的信回敬那傢伙。

「可以狠狠罵他一頓。」林肯說。

斯坦頓立刻寫了一封措辭激烈的信。林肯看後說：「斯坦頓，真是太好了，要的就是這個！」

但是當斯坦頓把信疊好裝進信封裡時，林肯卻叫住他，問道：「你要幹什麼？」

「寄出去啊！」斯坦頓說。

「不要胡鬧，」林肯說，「這封信不能發，快把它扔到爐子裡去。凡是生氣時寫的信，我都是這麼處理的。這封信寫得好，寫的時候你已經解氣了──現在感覺好多了吧？那麼就請你把它燒掉，再寫第二封信吧。」

上篇　EQ 高，
　　　就是控制好自己的情緒，讓人相處舒服

　　能認知自己心緒不佳的人多半有意擺脫衝動，但不一定會克制衝動。譬如說，和別人發生了衝突，你心裡十分惱火。你克制住了自己想揍他的衝動，卻不能澆熄心中的怒火。

　　如果你清楚地知道「我現在的感受是憤怒」，便可以選擇發洩，也可以決定退一步。後者是明智的選擇。

　　如果你與別人發生爭執，請數十下再開口，盡量轉移注意力或者做幾次深呼吸。諒解的心是最佳的「滅火器」，請學會寬容和諒解吧！

第四章 激勵自我 ──
喚醒最好的自己，人格魅力迸發影響力

希望與奇蹟

有位醫生素以醫術高明享譽整個醫學界，事業蒸蒸日上。但不幸的是，他被診斷患有癌症。這對他不啻當頭一棒。他曾一度情緒低落，可是最終他不但接受了這個事實，而且心態也為之一變，變得更寬容、謙和，懂得珍惜所擁有的一切。在勤奮工作之餘，他從沒有放棄與病魔搏鬥。就這樣，他已平安度過了好幾個年頭。

有人問他是什麼神奇的力量在支撐著他。

這位醫生笑盈盈地答道：「是希望。幾乎每天早上，我都給自己一個希望，希望我能多救治一個病人，希望我的笑容能溫暖每個人。」可見，這位醫生不但醫術高明，做人的境界也很高。

在這個世界上，有許多事情是我們難以預料的。我們不能控制際遇，卻可以掌握自己；我們無法預知未來，卻可以把握現在；我們不知道自己的生命到底有多長，卻可以安排

上篇　EQ 高，
　　就是控制好自己的情緒，讓人相處舒服

當下的生活；我們左右不了變化無常的天氣，卻可以調整自己的心情。只要活著，就有希望；只要每天給自己一個希望，我們的人生就一定不會失色。

希望究竟是什麼呢？它是引爆生命潛能的導火線，是激發生命熱情的催化劑。只要心存信念，總有奇蹟發生，希望雖然渺茫，但它永存人世。

美國作家歐‧亨利在他的小說《最後一片葉子》裡講了這樣一個故事：

病房裡，一個生命垂危的病人從房間裡看到窗外的常春藤，藤上的葉子在秋風中一片片地掉落下來。病人望著眼前的蕭蕭落葉，身體也隨之每況愈下。她說：「當葉子全部掉光時，我也要死了。」

一位老畫家得知後，用彩筆在牆上畫了一片葉子。結果，那片「葉子」始終沒掉下來。只因為生命中的這片綠，病人竟奇蹟般地活了下來。

很喜歡歌手劉若英的一句話：因為相信所以可能。所以，人生可以沒有很多東西，卻唯獨不能沒有希望。希望在人類生活中具有重要的價值。有希望之處，生命就生生不息！

每天給自己一個希望，就是給自己一個目標，給自己一點信心。每天給自己一個希望，我們將活得生機勃勃、激昂澎湃，哪裡還有時間去嘆息去悲哀，將生命浪費在一些無聊

第四章　激勵自我
——喚醒最好的自己，人格魅力迸發影響力

的小事上。

生命是有限的，但希望是無限的，只要我們不忘每天給自己一個希望，就一定能夠擁有豐富多彩的人生。

撕掉身上的「舊標籤」

「大魚吃小魚」是大自然的規律，然而科學家透過一項特別的實驗，卻得到了不同的結論。

研究人員將一個很大的魚缸用一塊玻璃隔成了兩部分，在一邊放進了一條大魚，連續幾天沒有餵食，之後，在另一邊放進了很多條小魚。大魚看到小魚後，直接地朝著小魚游去，結果撞在了玻璃上。第二次，它使出了渾身的力氣朝小魚衝去，但結果還是一樣，撞得疼痛難忍。於是它放棄了眼前的美食，不再徒勞了。

第二天，科學家將魚缸中間的玻璃抽掉了，小魚們很悠閒地游到了那條大魚的面前。而此時的大魚再也沒有吃掉小魚的欲望了，眼睜睜地看著小魚在自己面前游來游去……

與此相類似的，是一個關於跳蚤的有趣實驗：實驗者往一個玻璃杯裡放進一些跳蚤，跳蚤立即輕易地跳了出來。

接下來，實驗者把這些跳蚤再次放進杯子裡，同時在杯上加一個玻璃罩。嘣的一聲，跳蚤重重地撞在玻璃罩上。跳蚤十分困惑，但是牠們沒有停下來，因為跳蚤的生活方式就

上篇　EQ 高，
　　　就是控制好自己的情緒，讓人相處舒服

是「跳」。一次次地被撞，跳蚤開始變得聰明起來，牠們開始根據玻璃罩的高度來調整自己跳的高度。經過一段時間以後，這些跳蚤再也沒有撞擊到這個玻璃罩，而是在罩下自由地跳動。

一天後，實驗者把玻璃罩輕輕拿掉。跳蚤不知道玻璃罩已經去掉了，還是按原來的高度繼續跳躍。一週後，那些可憐的跳蚤還在這個玻璃杯裡不停地跳動 —— 其實它們已經無法跳出這個玻璃杯了。

後來，生物學家在玻璃杯下放了一個點燃的酒精燈。不到五分鐘，玻璃杯燒熱了，所有的跳蚤自然發揮求生的本能，再也不管頭是否會被撞痛，全部跳到了玻璃杯以外。

「自我設限」是一件悲哀的事情，跳蚤並非自身跳躍能力下降，而是在一次次受挫後學乖了、習慣了、麻木了。在現實生活中，許多人也在過著這樣的跳蚤人生。年輕時意氣風發，屢屢嘗試，但是往往事與願違，屢屢失敗。幾次失敗以後，他們便開始抱怨這個世界的不公平，懷疑自己的能力，不再不惜一切代價去追求成功，而是一再降低成功的標準 —— 即使原有的限制已經取消。

其實，很多人心靈中也有無形的玻璃，他們不敢大膽地表達自己的觀念，遭遇挫折後採取「一朝被蛇咬，十年怕井繩」的態度。一個人要走向成功，就要不斷地打碎心中的這

第四章　激勵自我
——喚醒最好的自己，人格魅力迸發影響力

塊玻璃，超越無形的障礙！

很多人不敢追求成功，不是追求不到成功，而是因為他們在心理面已經預設了一個高度。這個高度常常暗示他們：成功是不可能的，這個是沒有辦法做到的。因此，「心理高度」是人無法取得偉大成就的原因之一。

走進美國國家航空暨太空總署，會看到一根大圓柱上鐫刻著這樣的文字：If you can dream it, you can do it. 這句話可譯為：如果你能夠想到，就一定能夠做到。一個人在個人生活經歷和社會遭遇中如何認識自我，在心裡如何描繪自我形象，也就是你認為自己是個什麼樣的人──成功或是失敗，勇敢或是懦弱，將在相當程度上決定著個人的命運。

米蒂是一位精力充沛、熱愛冒險的女性，但她一開始並不這樣。

米蒂自小時候起就是個膽小鬼，她不敢做任何運動，凡是可能受傷的活動她一概不碰。在參加過幾次心靈成長課程後，她有了一些新的運動經驗，如潛水、赤足過火和高空跳傘。

然而，這些體驗還不足以使她形成有力的信念，改變她先前的自我認定。她認為自己是個「有勇氣高空跳傘的膽小鬼」。她有所不知，事實上轉變已經開始。

其他人都很羨慕她的表現，紛紛對她說：「我真希望自己也能有妳那樣的膽子，敢嘗試這麼多的冒險活動。」

上篇　EQ高，
　　　就是控制好自己的情緒，讓人相處舒服

聽多了之後，她便不得不質疑起來，是不是以前錯估了自己。

「最後，」米蒂說道，「我決心不再把自己想成膽小鬼。」

後來，在又一次高空跳傘訓練中，她試圖把想冒險的企圖提升為勇於冒險的信念。

當飛機攀升到 12,500 公尺的高空時，米蒂望著那些沒什麼跳傘經驗的隊友──多數人都極力壓抑著內心的恐懼，故意裝作興致很高的樣子──告訴自己：「此刻我已不屬於他們那一群，今天我可要好好地玩一玩。」

她很驚訝地發現自己剛剛經歷了重大的轉變，不再是個膽小鬼，而成了一個敢冒險、有能力、享受人生的人。

她是第一位跳出飛機的隊員。下降時，她一路興奮地高聲狂呼。

米蒂之所以能夠跨出自我設限的一步，主要的原因就在於，她撕掉了貼在自己身上的「膽小鬼」的舊標籤，擁有了新的自我認定，從而在心底想好好表現，想成為別人的好榜樣。新的自我認定使她成了一位真正勇於冒險的勇者。

改變和擴展自我認定，是一個艱難的過程。然而，如果你不滿意當前的自我認定，並下定決心去改變，那麼，你的人生將迅速而奇妙地得到改善，你會發現一個嶄新的自己。自我認定的轉換很可能是人生中最有趣、最神奇的經驗，當你重新進行自我認定，並撕掉貼在身上的舊標籤之後，你很可能就此超越了過去的自己。

第四章　激勵自我
──喚醒最好的自己，人格魅力迸發影響力

為什麼我總能心想事就成？

思想作用於人的最基本的原則是：你想得越多的事，對你的吸引力越大。所以，你不妨相信這條規則：常想某件事，就會促使它實現。

有一位婦女曾說過這樣的話：「我年輕時發誓，絕不嫁姓史密斯的男人，也絕不嫁比我年輕的男人，更不會去從事洗盤子的工作。但現在，這三件事我都做了。」

在生活中，總說「我不想生病」的人，可能會與病魔大戰一場；老想著「我不要過寂寞的生活」、「我不想破產」、「希望這次事情不至於搞砸」的人，往往就會落入他們一心想避免的困境之中。

你是否也常聽說類似的事？你是否也曾陷入完全違背自己心意的處境？其實這就是思想的力量。即使你想的是不希望這件事成為事實，你還是會朝著它走去。這是因為心靈只能被誘導去做某事，卻不能接受誘導不去做某事。

EQ 高的人能夠恰當地利用這一現象，使自己的人生達到理想的境界。當情緒低沉時，他們善於對自己進行積極的心理暗示，把「不可能」變成「不，可能」，把「我不行」改成「我可以」，成功啟動潛意識的無窮能量，幫助自己毫不費力地享受到「心」想事成的神奇魔力。

經常進行積極暗示的人，會把每一個難題看成機會和希

望;經常進行消極暗示的人,卻將每一個希望和機會看成難題。

自信是一種可以用自我暗示誘導和修練出來的、積極的心理狀態。我們說心態決定命運,正是以心理暗示決定行為這個事實為依據的。

「心」想事成不僅是一個願望,還是一種思維方式,更是一種內在能力。改變了思想,你就改變了生活。當你真正相信時,你會發現全世界都在順從你的意願,和你協調一致,不論是財富、成功、愛情,還是健康、幸福都會尾隨而至。

我曾在一本雜誌上看到下面這篇名為〈為了今天〉的文章,覺得十分有效,在此介紹給大家,希望能改變大家的生活。

為了今天

一、為了今天,我要十分快樂。如果林肯說的「大部分人只要下定決心,就能獲得快樂」這句話是對的,那麼快樂應該是來自內心,而不是存在於外在。

二、為了今天,我要讓自己適應一切,而不去試著調整一切來適應自己的欲望。我要以這種態度接受我的家庭、我的事業和我的運氣。

三、為了今天,我要愛護自己的身體。我要多加運動,善於照顧自己;不損傷身體,不忽視健康,為爭取成功奠定良好的基礎。

第四章　激勵自我
——喚醒最好的自己，人格魅力迸發影響力

四、為了今天，我要豐富自己的思想，要學習一些有益的東西。我不要做一個胡思亂想的人，要看一些需要思考、需要集中精神才能讀懂的書。

五、為了今天，我要用三件事來鍛鍊我的靈魂。我要為別人做一件好事，而不讓人知道；我還要做兩件自己並不想做的事，如同威廉·詹姆斯所說的，只是為了鍛鍊。

六、為了今天，我要做個討人喜歡的人。外表整潔，衣著得體，說話低聲，行動優雅，絲毫不在乎別人的毀譽；對任何事都不挑毛病，也不干涉或教訓別人。

七、為了今天，我要試著認真思考如何度過每一天，而不是試圖將一生的問題一次解決。因為，一個人雖能連續工作12個小時，卻不可能一輩子這樣做下去。

八、為了今天，我要制定一個計畫，寫下每一個小時應該做的事。也許我並不會完全照著做，但這樣至少可以免除兩種缺點──過分倉促和猶豫不決。

九、為了今天，我要為自己留下半個小時安靜的時間，放鬆一下，使自己的生命充滿希望。

十、為了今天，我要心中毫無畏懼。我要去欣賞一切美的東西，勇敢地去愛，相信我愛的人會愛我。

為自己鼓掌

人生如戲，你在舞臺上扮演著屬於自己的各種角色，孩子、戀人、妻子、上司、下屬……你可能是一個出色的演

上篇　EQ 高，
就是控制好自己的情緒，讓人相處舒服

員，引得別人的關注，贏得別人的喝采。但是，也有可能，你只是默默無聞地表演著自己，沒有人注意到你，更不會有人為你叫好。在這個時候，請不要沮喪，不要讓生命的熱情消逝，你可以為自己鼓掌。

1942 年 7 月，在德蘇戰爭前線，一位年輕的蘇聯士兵受傷了。醫院要立即對他進行手術，準備替他打麻醉藥。

年輕的士兵艱難地對護士說：「我恐怕再也醒不過來了。長久以來我有一個心願，請求你幫助我完成，不要讓我遺憾……我長這麼大幾乎沒有人讚揚過我，雖然我一直很努力地表現自己……我的成績不好，在學校沒有老師喜歡我，也沒有同學敬佩我，甚至我的父母也沒有用誇獎和掌聲鼓勵我……」

年輕士兵的臉色越來越蒼白，但是他繼續說道：「我請求你們能為我鼓掌，只為我一個人鼓掌。如果我不再醒來，我就是為了蘇維埃而犧牲的……我應該成為祖國和人民的驕傲，不是嗎？」

士兵的眼睛充滿了期待，護士和醫生們的眼睛裡都噙著淚水，病房裡爆發出熱烈而持久的掌聲。年輕的士兵也為自己鼓掌，隨後滿足地閉上了眼睛。

別人的喝采是對你的認可、鼓勵和讚揚。每個人都希望透過別人的喝采來增強自己的信心，或者證明自己的價值。

一個人最壞的狀態是失去了恰當的自我認知。如果這

第四章　激勵自我
——喚醒最好的自己，人格魅力迸發影響力

樣，那麼當你面前沒有別人的笑臉和鮮花時，當你耳邊沒有別人的掌聲和讚嘆聲時，你就很容易迷失，認為自己什麼都不是。比如：在談判時對方故意指出你一些很不重要的缺點，在公司裡有人對你冷嘲熱諷……這時，你是否會對自己的能力感到懷疑呢？

如果你認為自己被打倒了，那麼你就真的被打倒了；如果你想贏，但是認為自己沒有實力，那麼你就一定不會贏；如果你認為自己會失敗，那麼你就一定會失敗。勝利始於個人求勝的意志和信心，勝利者都是有信心的人。

不要自我貶低，每個人都擁有使自己變得強大的力量。不要把自己想像成一個失敗者，而要盡量把自己當成一個贏家。人生來就沒有什麼局限，無論男人或女人，每個人內心都有一個沉睡的巨人，那就是自信。

堅定的自信是成功的泉源。基於 EQ 的自信，是在正確了解自己的前提下獲得的。法國存在主義哲學大師沙特說：「一個人想成為什麼，就會成為什麼。」

在開始做一件事情之前，要充分信任自己的能力，要對自己的成功深信不疑，同時還要有創造精神。有創造精神的人，是人生態度積極的人。

自信是戰勝自卑的有力武器。它是生命中明亮的旋律，是生命的亮點。

上篇　EQ 高，就是控制好自己的情緒，讓人相處舒服

　　自信感受的是人生光明、甘甜和美妙的一面。自信給予人的是生命的希望和對未來的美好憧憬。人類社會能從茹毛飲血發展到電子時代，從燧人氏的鑽木取火發展到今天的核能發電，沒有自信是不成的。沒有自信，人類將一事無成；沒有自信，個人將毫無價值。

　　當沒有人喝采的時候，自己為自己鼓掌吧！在你的靈魂深處頑強地為自己加油！自己肯定自己，永無止息地激發自己的信心和熱情。我們要為自己鼓掌，在布滿荊棘的生活道路上充滿自信地向自己的目的地邁出堅定的步伐。

你是一道獨一無二的風景線

　　我有一個重大的發現：人人都有自卑情結。一個沒有企業的人見到小企業主時自卑，一個小企業主見到大企業家自卑，一個大企業家見到更大的企業家自卑，更大的企業家在以自己的弱項同別人的強項相比時自卑。

　　自卑是生命過程中難以迴避的情感癥結，這並不等於說人生建築在自卑情結上。人有自卑感，但人總是想擺脫自卑感，多一點信心，多一份自尊。

　　人生儘管波浪起伏，但人不像水中的浮萍，沒有主見，隨波逐流，聽憑命運擺布。人是為獲取自尊而不是自卑活著的。

第四章　激勵自我
——喚醒最好的自己，人格魅力迸發影響力

自卑是生命過程中的產物，是後來擠進生命之中的雜物，是伴隨人的需求無法滿足而生的寄生物。

所謂山外青山樓外樓，強中還有強中手，一個人不可能在所有方面都獨占鰲頭。當人們以自己的弱項同別人的強項相比時，就會產生自卑情結。由於人人都有自卑情結，所以，人人都需要被認可和被讚美。

一位父親很為他的兒子苦惱，因為他已經十五六歲了，可是仍然自卑，一點男子氣概都沒有。於是，父親去拜訪一位禪師，請他訓練自己的孩子。

禪師說：「你把孩子留在我這裡，三個月以後，我一定可以讓他脫胎換骨。」父親同意了。三個月後，父親來接孩子。禪師安排孩子和一個空手道教練進行一場比賽，以展示這三個月的訓練成果。

教練一出手，孩子便應聲倒地。他站起來繼續迎接挑戰，但馬上又被打倒。他又站起來——就這樣倒下又爬起一共16次。

禪師問父親：「你覺得你兒子現在還自卑嗎？」父親說：「我簡直羞愧死了！想不到我送他來這裡受訓三個月，他還是這麼不經打，被人一打就倒。」

禪師說：「你只看到了表面的勝負，卻沒有看到你兒子那種倒下去立刻又站起來的信心和勇氣。這才是真正的男子漢氣概啊！」

上篇 EQ 高,
就是控制好自己的情緒,讓人相處舒服

在這個世界上,你是獨一無二的。所以,你沒有必要去仰視別人,你就是一道風景。只要你不懈追求,相信自己不比別人差,就一定會取得成功。

坐前排,大聲發言

在世界各地,每天都有不少年輕人開始新的工作,他們都希望能登上事業巔峰,享受隨之而來的成功果實。但是他們絕大多數都不具備必要的信心與決心,無法實現自己的願望。初入社會的年輕人要想成功,必須克服自己的自卑感。

自信是一種心態,表現為一種自我肯定、自我鼓勵、自我強化。沒有自信心,就沒有生活的熱情和趣味,也就沒有探索打拚的勇氣和力量。

對於自己能做的事,要相信自己能成功。勇於將自己的能力展現出來,該出風頭時就出風頭,不懼人言。這種自信,是保證將自己的能力充分發揮的前提,是自信的第一個層次。

對於自己不能做的事,要坦然處之,不要覺得自己不能做就低人一等,這是自信的第二個層次。你是圍棋高手,沒有必要因為象棋技不如人而自卑。

人無完人,每個人都有自己不能做的事。而此時總會有人對你做出各種評價,甚至是詆毀。這時人們往往會受到打擊,導致不自信心理的產生。有些人甚至會認為自己窩囊,

第四章　激勵自我
——喚醒最好的自己，人格魅力迸發影響力

什麼事情都不行。

一件事情的成功，往往需要很多因素。而事實上你只要具備做好關鍵性因素的能力，就可能獲得成功。在非關鍵因素上的缺失，並不會影響成功。

假如你被僱用到某家企業負責某項產品的市場行銷工作，你相信自己對市場有著敏銳的感知，但缺乏這方面的工作經驗。於是，很多人在你面前或背後說你做不好這件事，一定會失敗，因為你沒有經驗。因為這些議論，你開始懷疑自己、畏縮不前。

但事實上，你一定要具備經驗嗎？不一定。你已經具備了創新的前提，沒有經驗可以去學習。所以，你完全沒有必要因此而自卑。

人的能力是有很大潛力的，有些事你可能認為自己沒有能力做到，但在背水一戰的關鍵時刻，必須相信自己能做到，這是第三個層次上的自信。

要建立完善的自信心，就需要不斷地學習和訓練。下面是六種建立信心的練習，只要用心努力學習，定能助你建立完善的自信心。

◎ 突顯自己

在會議室、教室中，或其他場合，大多數的人都擠到後排去坐，前面的座位總是空空蕩蕩。

上篇　EQ 高，
　　　就是控制好自己的情緒，讓人相處舒服

事實上，坐在前排能幫助你建立自信心。所以，從今天開始，凡是參加演講或聚會，你都要習慣於坐前排。也許太顯眼些，但是要成功就要處處樹立自信心，不要怕顯露自己。

◎ 正視對方

缺乏自信心的人在與人交談時，眼光總是四處飄蕩，不敢正視對方。

通常情況下，無法與別人進行眼神接觸說明兩件事：一是在別人的目光下你自覺渺小；二是避開他人的眼光意味著你有罪惡感，你做了些不想讓別人知道的事。

正視他人的目光，告訴他：我是真誠的、光明磊落的，相信我所告訴你的，我有十足的信心。直視別人的雙眼不但能給予你信心，更能讓你贏得他人的信任。

◎ 加快你的腳步

身體活動是心智活動的外在表現。遭受打擊者、窮困潦倒者往往步履蹣跚，沒有一點自信。

據研究，德國人走得很快，是因為他們對自己國家充滿自豪感。

所以，抬起頭，挺起胸膛，加快步伐前行，你將感到信心倍增。

第四章　激勵自我
——喚醒最好的自己，人格魅力迸發影響力

◎ 勇於表達意見

在許多公開的討論會中，沉默者總是占大多數。人們都不願發表自己的意見，並自忖：我的意見也許毫無價值，如果發言的話可能讓人覺得我是多麼愚蠢，還是一言不發吧！

缺乏自信的沉默者越是沉默，越是感到無能。他們常對自己許下微弱的承諾：下一次一定要發言。但真正等到下一次會議，他們還是不會發言，而且對自己愈來愈沒有信心。嘗試著將話說出來，是增強信心的必要的訓練。

這種訓練可從平常的家庭會議、公司會議、研討會或其他聚會等場合做起，發表你的看法，不要有例外，要試著突破僵局，率先發表意見，不要做最後的發言者。絕對不要看輕自己，你不是愚蠢的。停止問自己我的意見是否值得說出來，這只會增加自己的遲疑，無法做出正確的決定。

◎ 綻開笑容

微笑是信心不足的良藥，然而許多人並不相信，因為他們從未在感覺害怕時試著笑一笑。

感覺挫敗時不妨綻開笑容，這能夠給予你信心，打敗恐懼，驅走擔憂。真正的笑容不僅能醫治你病懨懨的感覺，而且能立刻融化別人對你的敵意——真誠地一笑，對方將無法對你動怒。

上篇　EQ 高，
　　　就是控制好自己的情緒，讓人相處舒服

◎ 回憶成功

　　當你懷疑自己的能力，並被自卑感困擾的時候，不妨從過去的成功經歷中吸取養分，滋潤你的信心。

　　不要沉溺於對失敗經歷的回憶，要將失敗的記憶從腦海裡趕出去，因為那是一個不友好的來訪者。失敗不是人生主要的一面，只是偶爾存在的消極面。

　　人們應該多多關注自己的成功，仔細回憶成功過程的每一個環節，看看當初自己是怎樣做的。一連串的成功貫穿起來就建構了一個成功者的形象。它會強烈地向你暗示，你原來是具有決策力和行動力的，你能夠導演成功的人生。對自己有信心，是所有信心當中最重要的部分。缺少了它，整個生命都會癱瘓。

　　看到具有紀念價值的物品時，人們往往會產生無限的聯想。所以，你可以嘗試多看看獎狀、獎盃，回憶自己從前獲得成功時的一幕幕情景。你也可以看看自己最滿意的照片。照片能喚起對往事的回憶，將一個生動的自我形象清晰地刻在自己的腦海裡。

　　消極自卑的人不妨將自己最得意的照片隨身帶著，當自己情緒低落時，它能有效地調節你的心情。照片上那張生動的臉、洋溢的喜悅，對你來說，無異於一種振奮劑。它會明確地提醒你，你能夠以光彩照人的形象出現，從而增強你的信心，使你產生一股向一切困難進行挑戰的勇氣。

第四章　激勵自我
——喚醒最好的自己，人格魅力迸發影響力

假裝快樂，就會真的快樂

我們對待生活往往有兩種截然不同的態度，積極或消極，於是就有肯定自己和否定自己的現象發生。如果你想讓自己有自信，那麼從現在開始，就要用肯定的方式對待自己，這會給你帶來許多意想不到的好處。

美國心理學家霍特舉過一個例子：

有一天，友人弗雷德感到意志消沉。他通常採取的應付情緒低落的辦法是避不見人，直到這種心情消散為止。但這天他要和上司舉行重要會議，所以他決定裝出一副快樂的樣子。在會議上，他笑容可掬、談笑風生，看起來心情愉快而又和藹可親。

令他驚奇的是，一個小時過後，他發現自己果真不再憂鬱了。弗雷德並不知道，他在無意中採用了心理學方面的一項重要原理：裝著有某種心情，往往能幫助你真的獲得這種感受。

多年來，心理學家都認為，除非人們改變自己的情緒，否則通常不會改變行為。我們常常逗眼淚汪汪的孩子說「笑一笑呀」，結果孩子勉強笑了笑之後，跟著就真的開心起來。這就是因為情緒改變導致行為改變。

心理學家艾克曼的實驗顯示，一個人想像自己進入某種情境，感受某種情緒，結果這種情緒十之八九真會到來。一個故意裝作憤怒的實驗者，由於「角色」的影響，心率和體溫會上升。心理研究的這個發現可以幫助我們有效地擺脫壞心

上篇　EQ 高，
　　　就是控制好自己的情緒，讓人相處舒服

情，其辦法就是「心臨美境」。

例如：一個人在煩惱或想要流淚的時候，可以多回憶愉快的情景，還可以給自己一個大大的微笑。笑真的是個很神奇的動作，也許一開始只是假裝自己很快樂，但即使是假裝，也能讓我們覺得烏雲密布的天空射入了一束陽光。當烏雲驅散的時候，真的快樂就來臨了。

積極心態來源於心理上積極的自我暗示。反之，消極心態是人們經常在心理上進行消極的自我暗示的結果。自我暗示是一種啟示、提醒和指令，它會告訴你注意什麼，追求什麼，致力於什麼和怎樣行動，因而能影響你的行為。

一個人可以透過積極的心理暗示，自動地把成功的種子和創造性的思想播撒到潛意識的沃土。相反，人們也可以播撒消極的種子或破壞性的思想，使潛意識這塊肥沃的土地滿目瘡痍。

之所以說心態決定命運，正是以心理暗示影響行為這個事實為依據的。

英國有這樣一個心理學實驗：

心理學家請來了三個人，告訴他們，不管在哪種情況下，都要盡全力抓緊握力計。

實驗開始，在一般的清醒狀態下，三個人平均的握力是 101 磅。

第四章　激勵自我
——喚醒最好的自己，人格魅力迸發影響力

第二次實驗則是將他們催眠，並告訴他們，他們非常虛弱。實驗結果顯示，他們的握力平均只有 29 磅——還不到他們正常力量的三分之一。

最後，心理學家又讓這些人做第三次實驗：在催眠之後，告訴他們，他們非常強壯，結果他們的握力平均達到 142 磅。

當他們認定自己有力量之後，力量幾乎增加了 50%。這就是不可思議的心理暗示的力量。

所以，積極的心理暗示要經常進行。長期堅持之後，積極的自我暗示就能自動進入潛意識，影響你的行為。

假如你身後有一隻狼

加拿大有一位享有盛名的長跑教練，在很短的時間內培養出好幾名長跑冠軍。很多人向他探詢訓練祕訣。誰也沒有想到，他的成功祕訣僅在於有神奇的陪練——幾頭凶猛的狼。

因為這位教練訓練的是長跑，所以他一直要求隊員們從家裡出發時不要藉助任何交通工具，必須自己一路跑來。這是每天訓練的第一課。有一個隊員每天都是最後一個到，而他的家並不是最遠的。教練甚至想告訴他改行去做別的，不要在這裡浪費時間了。

突然有一天，這個隊員竟然比其他人早到了 20 分鐘。教

上篇　EQ 高，
就是控制好自己的情緒，讓人相處舒服

練知道他離家的時間，算了一下，驚奇地發現，這個隊員今天的速度幾乎可以打破世界紀錄。

原來，這個隊員在離家不久經過一段五公里的野地時，遇到了一頭野狼。那頭野狼在後面拚命地追他，他只能拚命地跑。最後那頭野狼竟被他給甩開了。

教練明白了，今天這個隊員超常發揮是因為一頭野狼。一個可怕的敵人使他把自己所有的潛能都發揮了出來。

此後，這個教練聘請了一個馴獸師，並找來幾頭狼，每當訓練的時候，便把狼放開。沒過多長時間，隊員的成績都有了大幅度的提高。

人的一生會遇到各式各樣不同的對手。在學校的時候，總是有人成績在你之上，或者你稍有懈怠就會被別人超過；到了社會中，你身在職場，總是有些人比你出色，比你更能得到老闆的信任，比你更精通專業知識和技能；好不容易有了自己的事業，卻發現同行業中存在著許多可以併吞你的大公司……

但是，你沒有必要憎恨或者抱怨強勁的對手。若仔細回想一下，你就會發現，真正促使你進步、成功的，真正激勵你昂首闊步向前的，不單是自己的能力和順境，不單是朋友和親人的鼓勵，更多的時候，是你的對手。他們激發了你的潛能，促使你不斷進步。

第四章　激勵自我
——喚醒最好的自己，人格魅力迸發影響力

一位動物學家對生活在非洲大草原奧蘭治河兩岸的羚羊群進行過研究。他發現東岸羚羊群的繁殖能力比西岸的強，奔跑速度也要比西岸的快。而這些羚羊的生存環境和屬類都是相同的，食物來源也一樣。

於是，他在東西兩岸各捉了10隻羚羊，把牠們送往對岸。結果，運到東岸的10隻羚羊一年後繁殖能力增強，運到西岸的變得懶惰安逸，致使體弱多病，最終只剩下了3隻。

原來，東岸的羚羊之所以強健，是因為在牠們附近生活著狼群；西岸的羚羊之所以弱小，正是因為缺少了這麼一群天敵。

沒有天敵的動物往往最先滅絕，有天敵的動物則會逐步繁衍壯大。大自然中的這一現象在人類社會也同樣存在。敵人的力量會讓一個人發揮出巨大的潛能，創造出驚人的成績，尤其是當敵人強勁到足以威脅你生命的時候。

生活中的許多人總在詛咒對手，或者因為自己遇到了對手而失魂落魄、無所適從。你應該為自己有一個強勁的對手而慶幸，為自己遇到的艱難境遇而慶幸，因為這正是你脫穎而出的機會。

感謝強勁的對手吧！因為正是他們使你變得偉大和傑出。

上篇　EQ 高，
　　　就是控制好自己的情緒，讓人相處舒服

下篇
EQ 高，
就是有分寸感、會說話，
讓人交流舒服

　　所謂 EQ 高，就是懂得好好說話。要怎麼說話呢？說到底就是，照顧別人的感受，不讓人難堪。
　　不拆臺不揭短，不生硬不傷人，懂得把別人放在心上，這就是高 EQ 者的說話之道。

下篇　EQ 高，
　　　就是有分寸感、會說話，讓人交流舒服

第五章　辨識他人情緒 ——
所謂 EQ 高，就是會察言、會觀色、會讀人

你 EQ 低是因為少了一顆同理心

掌握他人的情感是營造良好人際關係的前提，只有自身心平氣和才可能掌握別人的情感，而左右他人的情感正是處理人際關係的關鍵藝術。

要做到這一點，必須具備兩項技巧：自我掌握與同理心。

在 EQ 的理論體系中，辨識他人情緒，並且讓自我情緒與之產生共鳴的能力，被稱為「同理心」。簡單來講，它就是指人們常說的設身處地、將心比心的做法，是一種了解他人的情緒，並能在內心親自感受到這些情緒的能力。

在發生衝突或誤解的時候，當事人如果能把自己放在對方的處境中想一想，也許就可以更容易地了解對方的初衷，消除誤解。我們在生活中常說「人同此心，心同此理」，就是這個道理。

人與人之間的關係沒有固定的公式可循，要從關心別人、體諒別人的角度出發，做事時為他人留下空間和餘地，

第五章　辨識他人情緒
——所謂 EQ 高，就是會察言、會觀色、會讀人

發生誤會時要替他人著想，主動反省自己的過失，勇於承擔責任。只要有了同理心，我們在工作和生活中就能避免許多抱怨、責難、嘲笑和譏諷，大家就可以在一個充滿鼓勵、諒解、支持和尊重的環境中愉快地工作和生活。

在對他人的情緒進行辨識、評價，並加以接受時，同理心發揮著主要作用。同理心要以自覺為基礎，一個人越能坦誠面對自己的情感，越能準確閱讀別人的感受。

這就是說，人應該學會換位思考，工作中因為某件事發生了衝突，設想如果自己處於那個位置，你會是什麼樣的感覺。先了解自己的感受，才能更好地了解別人的感受；先做好自己的主人，才能做好別人的主人。

當一個人面對某人表情達意時，情感表達障礙型的人常常會感到困惑不已，因為他們無法對他人的情緒進行正確的辨識和評價。這不但在 EQ 上是一大缺陷，更可說是人性方面可悲的缺憾。因為融洽的關係是人們相互關懷的基礎，而融洽的關係又源於敏銳的感受與同情心。

同理心在各個領域中都扮演著很重要的角色，缺少這種能力可能會導致極可怕的後果，心理變態的罪犯、強暴者、虐待兒童者都是明顯的例子。這種能力對人類的生存和發展是很重要的，它使人們之間能相互理解，使人與人之間能和諧相處，有助於建立良好的人際關係。

下篇　EQ 高，
就是有分寸感、會說話，讓人交流舒服

即使是最聰明的人，如果缺乏這方面的能力，也很難擁有融洽的人際關係，甚至給人傲慢、討厭或遲鈍的感覺。而具備這種能力的人在與人接觸時，常可居主導地位，容易打動別人，具有說服力與影響力，同時又可讓人覺得很自在。

通常來說，人們不僅能夠覺察自己的情緒，還能覺察他人的情緒，對他人的情緒做出準確的辨識和評價。正像 EQ 的其他元素一樣，同情心的敏感度與智力測驗或學校考試沒什麼關係，就連剛出生不久的嬰兒都具備這種能力。

9 個月大的小孩每次看到其他小孩跌倒，眼眶便充滿淚水，然後爬到母親懷裡尋求慰藉，彷彿跌倒的人是他。15 個月大的麥可看到朋友保羅在哭，會拿出自己的玩具熊安慰他，如果保羅仍哭個不休，麥可還會拿抱枕給他。這些情形是孩子的母親協助專家做研究時觀察記錄下來的，該研究顯示出同理心的形成可追溯至一個人的嬰兒時期。

一項針對兒童所做的實驗發現，富有同理心的孩子在學校較受歡迎，情感也較穩定，在校表現較佳，雖然其智力並不比別的孩子高。很顯然，同理心有助於學習，有助於獲得老師和同學的喜愛。

可以說，同理心是人的一種本能，但卻會因人對情感的淡漠而逐漸喪失這種能力。這裡面既有逃避痛苦的原因，也不排除人們受自私的意念所左右，而最主要的原因是人的主

第五章　辨識他人情緒
　　——所謂 EQ 高，就是會察言、會觀色、會讀人

觀情感往往會使人看問題不客觀，帶有情緒，而一旦有情緒就會使你忽略對方的想法，導致溝通的失敗。

情感、利益 —— 換位思考時要考慮的東西

有人說，做人的最高境界是讓人舒服。怎麼讓人舒服？靠的就是同理心。

在某些情況下，同理心就是指一種對情緒的直覺，我們在生活中常常會遇到的那些「敏感」的人，那些能夠一眼就看出「你今天心情不太好」的人，便是擁有這種直覺的人。不過，除了這種直覺之外，同理心更多地要求我們的思維介入，即讓我們學會感受他人的感受，站在對方的角度上看問題。

一位母親在聖誕節帶著 5 歲的兒子去買禮物。大街上次響著聖誕讚歌，櫥窗裡裝飾著綵燈，盛裝可愛的小精靈載歌載舞，商店裡五光十色的玩具琳瑯滿目。

「一個 5 歲的男孩將以多麼興奮的目光觀賞這絢麗的世界啊！」母親毫不懷疑地想。然而她絕對沒有想到，兒子嗚嗚地哭出聲來。

「怎麼了，寶貝？」

「我⋯⋯我的鞋帶開了。」母親不得不在人行道上蹲下身來，為兒子繫好鞋帶。

129

下篇　EQ高，
就是有分寸感、會說話，讓人交流舒服

母親無意中抬起頭來，「啊，怎麼什麼都沒有？沒有絢麗的綠燈，沒有迷人的櫥窗，沒有聖誕禮物……」原來那些東西都太高了，孩子什麼也看不見！這是這位母親第一次從5歲兒子的目光高度眺望世界。她感到非常震驚，立即起身把兒子抱了起來。

從此，這位母親牢記，再也不要把自己認為的「快樂」強加給兒子。「站在孩子的立場上看待問題」，這位母親透過自己的親身體會明白了這一點。

孩子看見的東西，母親不一定能看到，而母親看到的東西，孩子也不一定能看到。然而，如果母親放低身子或讓孩子抬高角度，那麼彼此之間就會有不一樣的感受。在與人交往中，更是如此。

美國汽車大王福特說過一句話：「假如有什麼成功祕訣的話，就是設身處地替別人著想，了解別人的態度和觀點。」因為這樣不但能與對方很好地溝通，而且能更清楚地了解對方的思想軌跡及其中的關鍵點，瞄準目標，擊中「要害」，從而達到你的溝通目的。

有一段時間，卡內基都是租用某家飯店的大禮堂來講課。有一天，他突然接到通知，租金要增加三倍。卡內基找到經理交涉。他說：「我接到通知，有點難以置信，不過這不怪你。如果我是你，我也會那樣做。因為你是飯店的經理，你的職責是盡可能使飯店盈利。」

第五章　辨識他人情緒
——所謂 EQ 高，就是會察言、會觀色、會讀人

緊接著，卡內基為他算了一筆經濟帳：「將禮堂用於辦舞會、晚會，當然會有大把大把的銀子。但你趕走了我，也等於趕走了成千上萬有水準的中層管理人員，而他們光顧貴飯店，是你花幾千元也買不到的活廣告。那麼，哪樣更有利呢？」經理被他說服了。

卡內基之所以成功，就是因為當他說「如果我是你，我也會這樣做」時，他已經完全站到了經理的立場。接著，他站在經理的立場上算了一筆帳，抓住了經理的心理——盈利，使經理心甘情願地把天平砝碼加到了卡內基這邊。

當我們和別人商談事情時，我們通常習慣將自己的想法和意見強加給別人，而不會站在對方的立場仔細想想，這種說話方式其實是有礙溝通的。站在他人的立場上說話，能給他人一種為他著想的感覺，這種投其所好的技巧常常具有極強的說服力。溝通高手的一大特質就是更能設身處地、換位思考。

也許你會質疑，站在對方的立場上說來容易，實際要做的時候卻很難。沒錯，站在對方的立場說話確實不容易，但卻不是不可能。真正會說話的人，總是善於努力地從他人的角度來設想，並且樂此不疲。然而，他們也並非一開始就能做得很好，而是從一次次的說服過程中吸收經驗、汲取教訓，不斷培養自己養成這種習慣，最終才達到這樣的境界。因此，只要你願意，這並不是一件很難的事。

下篇　EQ 高，
　　　就是有分寸感、會說話，讓人交流舒服

視覺型，聽覺型，還是觸覺型

你見過熟練鎖匠工作的樣子嗎？簡直就跟變魔術一樣。他擺弄一把鎖，能聽到一些你聽不到的聲音，看到一些你看不到的東西，感覺到一些你感覺不到的情況，不一會兒，他就能了解鎖的整個結構，並且把它修好。

一個優秀的高 EQ 交流者也是這樣工作的。他可以了解任何人的內心組合（也稱為策略）──就像鎖匠那樣考慮、思索，從而探索出別人的內心結構。

了解別人策略的關鍵點是，要注意他們的言行舉止。要知道，人們會透過不同方式將你想知道的有關他們策略的一切訊號傳達給你，有時是透過語言傳達，有時是透過行動傳達，有時甚至是透過眼神傳達。

你要學會巧妙地去閱讀一個人，就像你學會讀一本書、一本地圖那樣。記住，策略只不過是產生特殊結果的一種特殊想像組合。你需要做的就是，促使人們去感受他們的策略，同時仔細觀察他們的特殊反應。

人大致可分為三種類型：視覺型、聽覺型、觸覺型。

那些主要利用視覺系統的人傾向於以影像看世界。他們會透過大腦中的視覺感官獲得他們最大的感覺力。因為他們的語言力圖跟上大腦中的影像變化，所以常常說話較快。因

第五章　辨識他人情緒
──所謂 EQ 高，就是會察言、會觀色、會讀人

為他們只是想要把大腦中的影像描述出來，所以常常不太注意表達方式，而更傾向於用視覺語言來表達，向人們描述這些東西看上去怎麼樣，呈什麼樣的形狀，是明還是暗等。

那些聽感強的人則不同，他們說話慢一些，聲音也較洪亮，表達較有節奏，語言較有分寸。因為字詞對他們來說意義重大，所以他們對於說什麼非常慎重。他們常常用聽覺語言來表達，比如：「這聽起來正合我意」、「我能聽見你說的」或「聽起來一切都很順利」等。

那些觸感強的人說話更慢。他們主要是對觸覺做出反應，說話時語調低沉，每句話都像是一點一點擠出來的。他們常常用觸覺語言來表達意思，總是「抓」某東西的「具體形態」，比如東西很「重」，他們需要摸一摸。他們總是說：「我找到了答案，但我還沒有抓住它。」

每個人都有這三種系統，但大多數人是其中一種系統占支配地位。你在了解別人的策略、了解他們做決定的方式時，需要先知道他們的主要感覺系統是哪一種，這樣你就能有的放矢地表達你的資訊。

只要透過觀察和聽別人說話，你就能立即意識到他們主要使用的是哪種感覺系統。

下篇　EQ 高，
　　　就是有分寸感、會說話，讓人交流舒服

◎ 留心觀察一個人的眼睛

俗話說「眼睛是心靈的窗戶」，你只要留心觀察一個人的眼睛，就能立即明白在特殊的情況下，對方使用的是哪種感覺系統。

不妨先回答下面這個問題：你 12 歲生日蛋糕上的蠟燭是什麼顏色的？回答這個問題時，90% 的人都會把頭抬起來，眼睛往左看，這就是慣用右手的人甚至某些左撇子回憶視覺影像的方式。

再問下一個問題：如果替米老鼠加根鬍鬚會怎麼樣呢？這一次，他的眼睛也許會往上抬，並移向右邊，這裡正是眼睛構成影像的地方。

因此，只要看看人們的眼睛，你就能了解他們的策略。

◎ 人的其他生理狀況也為人們了解他人的策略提供了線索

如果有人呼吸幅度大，那就意味著他的視覺系統在進行工作。人的聲音也含有深意 —— 視感強的人說話快而急、有鼻音、聲調起伏大，說話慢、聲調深沉的人則通常觸感強，聲調平穩、咬字清楚則是聽覺強的人的特點。甚至從人的皮膚顏色的變化也能了解他人的策略。

因此，哪怕是很有限的交流，你也能清楚地、準確無誤地了解一個人的心理活動方式。學會了解別人策略的最好方式不是觀察，而是實踐，你要盡可能多地在其他人身上做這些練習。

第五章　辨識他人情緒
——所謂 EQ 高，就是會察言、會觀色、會讀人

言語與情緒

　　一般說來，一個人的感情或意見都在說話方式裡表現得清清楚楚，只要仔細揣摩，即使是弦外之音也能從說話的簾幕下逐漸透露出來。言語是自我表現的一種手段，而且在不知不覺中，它還反映了一個人各種曲折的深層心理和情緒。也就是說，人們可用言辭來表現自我的真相，也能從對方的言語或措辭中分析探測出一個人的真相。

　　人在無意識狀態下的言語或措辭特徵比說話內容更能透露一個人的真實情況。也就是說，對方的措辭會比對方的雄辯理論更能指出對方的深層情緒。

　　每個地區都有不同的說話語調和特殊的措辭，所以人們都會因為成長環境的不同而具有特別的言語與措辭。透過觀察一個人的說話語調和節奏，我們就可以判斷出他的出身和來歷。

　　但是，人們透過說話語調和特殊措辭所反映出的內心情感就如同浮在水面之上的冰山，只占總體積的 10%，其他 90% 是肉眼看不到的。那麼，我們怎樣才能最大限度地探測一個人的內心情緒呢？

◎ 異於平常的說話方式可以暴露人的心理祕密

　　說話的快慢是由一個人的氣質或性格決定的，所以當有些人的說話方式突然異於平常時，若我們多加觀察，就可以

下篇　EQ 高，
　　　就是有分寸感、會說話，讓人交流舒服

知道他們的心理祕密。

如果某人平時能言善辯，可是在一些場合下突然結結巴巴地說不出話來；或者某人平時說話不得要領，東拉西扯，屬於木訥型的那一種，但現在卻突然滔滔不絕地說出了一大堆話⋯⋯這時候，他們一定是事出有因。

一位評論家說：「如果男人帶著一顆浮躁的心回到家裡，基本上都會在妻子面前滔滔不絕地說個不停。」

假如有一個男人每天下班都按時回家，而這一天他下班後卻留在辦公室與同事打撲克牌，回到家時，他會馬上跟老婆說他加班了，而且還會詛咒現在為什麼有這麼多做不完的工作之類的話。請注意，他此時的說話語調一定比平常快，因為他迫切希望藉著自己快速的話語讓內心潛伏的不安得到排解。

遇到男人這樣時，做老婆的一定要慎重，什麼事一旦有了開頭，就會有下次，千萬不可掉以輕心。

一般說來，如果某人對他人心懷不滿，或者持有敵意態度，他們的說話速度就會變得很遲緩，而且稍有木訥的感覺。如果某人有愧於心，或者有意要撒謊，其說話的速度自然會加快，這是人之常情。倘若碰到慎重或精明的人，馬上就可以看穿說話者的內心情緒。

第五章　辨識他人情緒
──所謂 EQ 高，就是會察言、會觀色、會讀人

◎ 說話的音調裡也經常深藏玄機

當一個人懷著浮躁的心情與人交談時，他的音調就會突然高揚起來。比如上述的那個「加班」的男人，當他回到家時，他說話的語調一定很快，而且慷慨激昂，好像今天的「加班」確實讓他很反感──他是很不願意「加班」的。

當兩個人意見相左時，其中一個人提高說話的音調，就表示他想壓倒對方。正如日本作曲家神津善行所說：「反駁對方的意見時，一般人都會用激揚的音調表現出來。這是最簡單的方法，表示他想壓倒對方。」

說話音調高昂，本是幼兒表現任性的一種形態。一般說來，一個人隨著年紀的增長，說話的音調反而會降低。這種行為變化顯示，人類的精神構造在不斷成長，內心有一種抑制任性的情緒在活動。

當成人說話的音調突然變得高昂時，顯然他又回到幼兒期的境界中了。這表示他無法抑制內心的情緒，在這種情況下，他是聽不進去別人的話的。

對於那種心懷企圖的人來說，他們在說話時一定會故意抑揚頓挫，製造一種與眾不同的感覺，有一種吸引別人注意力的欲望，自我顯示欲就隱隱約約地透露出來了。

下篇　EQ 高，
　　　就是有分寸感、會說話，讓人交流舒服

◎ 說話的節奏也是相當重要的

　　在談話方式中，除了包含聲音的快慢和音調之外，說話的節奏也是相當重要的。凡是自信心很強的人，一定具有決斷性的說話節奏，而那些缺乏自信心的人，說話聲調裡必然缺乏決斷性的節奏。

　　有一種人好像話題始終說不完，即使想要告一段落，也得花費相當長的時間。豈知在說話者的內心裡，卻潛伏著一種唯恐話題即將說完的恐懼與不安。這種人一定懷有想要說個沒完的高壓態度或欲望。

　　相反，有些人卻想儘早道出最後結論來，這是唯恐被人提出反駁意見的最好證明。這種人似乎有一種錯覺，以為不提出結論的話，情況必然會相當嚴重。

　　還有很多人喜歡在句尾加入某種曖昧不明的語氣，其實在一般的語言構造中，句尾都能道出結論來，倘若含有含糊不清的意思，就很容易變成一種莫名其妙的文句了。凡是喜歡採用這種說話方式的人，乃是有意逃避自己的言論責任的表現。

　　此外，也有人喜歡說「這些只是我個人的想法而已」，或者說「真是一言難盡」。事實上，喜歡說此類話語的人和上述人懷有同樣的意思，許多情緒不穩定的神經質的人就很喜歡套用這一類的限定句子。

第五章　辨識他人情緒
—— 所謂 EQ 高，就是會察言、會觀色、會讀人

察言是很有學問的一門技巧。人內心的思想有時會不自覺地在口頭上流露出來，因此，與別人交談時，只要我們多加留心，就可以從談話中探知對方的內心世界。

◎ 由話題知心理

人們常常將內心情緒透過一個話題不自覺地呈現出來。話題的種類是形形色色的，如果要明白對方的性格、氣質、想法，最容易著手的步驟就是觀察話題與說話者本身的相關狀況，從這裡能獲得很多資訊。

與中年婦女交談時，她們的話題多是她們自己，因為她們覺得自己才是她們最大的關心對象。有時也談論丈夫或孩子，那是她們把丈夫或孩子看成了自己的化身，談論他們也等於在談論自己。

對於這樣的中年婦女，你要作為一個傾聽者出現，並承認她們是賢惠的妻子、偉大的母親。

◎ 由措辭習慣流露出的祕密

人的種種曲折的深層心理通常會不知不覺地反映在自我表現的手段——措辭上。透過分析某人的措辭習慣，我們常常可以大致上看出這個人的真實形象。

常使用第一人稱單數的人，其獨立性和自主性較強；常用複數的人，多為缺乏個性、埋沒於集體中隨聲附和的人。

下篇　EQ 高，
　　　就是有分寸感、會說話，讓人交流舒服

有些人總是認為在用自己的話說話、寫文章，實際上在借用別人的話，說明這種人有強烈的自我擴大欲。說話時經常使用難懂的詞或外語的人多會讓人感到困惑，其實這種人多是將詞語作為掩飾自己內心弱點的盾牌。

◎ 由聽話方式看破對方心理

構成談話的前提包括兩種不同立場的存在者──說話者與聽話者。我們可以根據對方對自己說話後的各種反應，來了解對方的深層心理。

如果一個人很認真地聽對方講話，他大致會正襟危坐，視線也一直盯著對方；反之，他的視線會散亂，身體也可能不停地傾斜或亂動，這是他心情厭煩的表現。

如果你想套知某人某方面的資訊，你可以以一個很平常的話題開始你們的談話，然後認真傾聽、提問、傾聽⋯⋯一步步達到自己的目的，對方在高興之餘就會忘了提防，相反還會認為你是一個很好的傾聽者，善解人意呢！

眼神與情緒

希臘神話裡有這樣一個故事：若被怪物三姐妹中的美杜莎看上一眼，立刻就會變成石頭。說白了，這是將眼睛的威力神化了。

從醫學上來看，眼睛在人的五種感覺器官中是最敏銳

第五章　辨識他人情緒
—— 所謂 EQ 高，就是會察言、會觀色、會讀人

的，大概占感覺領域的 70% 以上，因此被稱為「五官之王」。孟子云：「存乎人者，莫良於眸子，眸子不能掩其惡。胸中正，則眸子瞭焉；胸中不正，則眸子眊焉。」從眼睛流露出真心是理所當然的，因為「眼睛是心靈之窗」。

深層心理中的欲望和感情首先反映在視線上，視線的移動、方向、集中程度等都表達著不同的心理狀態。觀察視線的變化，有助於人與人之間的交流。爬上窗臺就不難看清屋中的情形，讀懂人的眼色便可知曉他的內心狀況。

眼睛看人的方法由來已久。人的個性是一成不變的，無論其修養功夫如何高深。俗語說：「江山易改，本性難移。」看人的個性是簡單的，但看人的表情則不那麼容易。

性為內、情為外，性為體、情為用，性受外來的刺激，發而為情。刺激不同，情就不同。情所表現出的最顯著、最難掩的部分，不是語言，不是動作，也不是態度，而是眼睛。言語、動作、態度都可以用假裝來掩蓋，而眼睛是無法假裝的。

我們看眼睛，不重大小圓長，而重在眼神。

你見他眼神沉靜，便可明白他對於你著急的問題早已胸有成竹，穩操勝券。向他請示辦法，表示焦慮，如果他不肯明白說，這是因為事關機密，不必多問，只靜待他的發落便是。

下篇　EQ 高，
就是有分寸感、會說話，讓人交流舒服

　　你見他眼神散亂，便可明白他也是毫無辦法，徒然著急是無用的，向他請示也是無用的。你得平心靜氣，另想應付辦法，不必再多問，多問只會增加他六神無主的程度，這時是你顯示才能的機會，快快去想辦法吧！

　　你見他眼神橫射，彷彿有刺，便可明白他非常冷淡，如有請求，暫且不必向他陳說，應該從速藉機退出，即使多逗留一會兒也是不適當的，要退而研究他對你冷淡的原因，再謀求恢復感情的途徑。

　　你見他眼神陰沉，應該明白這是凶狠的訊號，你與他交涉，須得小心一點。他那一隻毒辣的手正放在背後伺機而出。如果你不是早有準備想和他見個高低，那麼最好從速鳴金收兵。

　　你見他眼神流動異於平時，便可明白他是胸懷詭計，想給你點苦頭嘗嘗。這時應步步為營，不要輕易接近，前後左右都可能是他安排的陷阱，一失足便跌翻在他的手裡。不要過分相信他的甜言蜜語，這是鉤上的餌，是毒物外的糖衣，要格外小心。

　　你見他眼神呆滯，唇皮泛白，便可明白他對於當前的問題惶恐萬狀，儘管口中說不要緊，也的確在想辦法，但卻一點也想不出所以然來。你不必再多問，應該退去考慮應付辦法，如果你已有辦法，應該向他提出，並表示有幾成把握。

第五章　辨識他人情緒
——所謂 EQ 高，就是會察言、會觀色、會讀人

你見他眼神似在發火，便可明白他此刻是怒火中燒，意氣極盛。如果不打算與他決裂，就應該妥協，速謀轉機。否則，再逼近一步，勢必引起正面的劇烈衝突了。

你見他眼神恬靜，面有笑意，便可明白他對於某事非常滿意。如果你想討他歡心，不妨多說幾句恭維話；如果你有所求，此時是個好機會，相信他一定比平時更容易滿足你的希望。

你見他眼神四射，魂不守舍，便可明白他對於你的話已經感到厭倦，再說下去必無效果，你應該趕緊告一段落，或乘機告退，或尋找新話題，談談他所願意聽的事。

你見他眼神凝定，便可明白他認為你的話有一聽的必要，應該照你預定的計畫，婉轉陳述，只要你的見解不差，你的辦法可行，他必然是樂於接受的。

你見他眼神下垂，連頭都向下傾了，便可明白他是心有重憂，萬分苦痛。這個時候，你不要向他說快樂事，那樣反而會加重他的苦痛，也不要向他說苦痛事，因為同病相憐越發難忍，你最好說些安慰的話，並且從速告退，多說絕對是無趣的。

你見他眼神上揚，便可明白他不屑聽你的話，無論你的理由如何充分，你的說法如何巧妙，還是不會產生好的結果，不如戛然而止，退而求接近之道。

下篇 EQ 高,
就是有分寸感、會說話,讓人交流舒服

總之,眼神有散有聚,有動有靜,有流有凝,有陰沉有呆滯,有下垂有上揚,仔細參悟之後,必可發現人情畢露。

在「微表情」中辨識他人臉面真假

臉部表情在反映一個人的情緒中占有很重要的地位,它是鑑別情緒的主要特徵。

人類的心理活動非常微妙,但這種微妙常會從表情裡流露出來。倘若遇到高興的事情,臉頰的肌肉會鬆弛,一旦遇到悲哀的狀況,就很自然地會淚流滿面。不過,也有些人不願意將內心活動讓別人看出來,而會偽裝表情,單從表面上看,極易讓人判斷失誤。

從表情窺探他人的內心祕密好像簡單,實際上並不容易。一位美國心理學者曾經做過這樣的實驗,讓幾個人用表情表現憤怒、恐怖、誘惑、漠不關心、幸福、悲哀這六種感情,並用錄影機錄下來,然後,讓其他人猜哪種表情表現哪種感情。結果平均每人只有兩種判斷是正確的,當表現者做出的是憤怒的表情時,猜測者卻認為是悲哀的表情。

更難辨的是,為了不讓別人知道自己的內心活動,有些人並不直接表露感情。所以,你看到的表情不一定是他內心情緒的真實表達。比如:在一次洽談會上,對方笑嘻嘻地完全是一副滿意的表情,「我明白了,你說得很有道理,這次我

第五章　辨識他人情緒
——所謂 EQ 高，就是會察言、會觀色、會讀人

一定考慮考慮。」使人很安心地覺得交易成功了，可是最後的結果卻是以失敗而告終。

當然，這並非想否定「表情是反映人內心的一面鏡子」。因為在很多時候，人們縱使情緒很激動，但卻會偽裝成毫無表情，或者故意裝出某種相反的表情。所以如何探測對方的表情背後所隱藏的真實情緒，對探測者的 EQ 提出了更高的要求。

由此看來，我們不能簡單地僅從表情上判斷對方的真實情感。在以表情突破對方心理時要注意以下兩方面：

◎ 沒表情不等於沒感情

我們在生活中經常會看到有些人不管別人說了什麼、做了什麼，他都一副無表情的面孔。碰到這樣的人，許多人都感到十分頭痛。其實，沒表情不等於沒感情，因為內心的活動倘若不呈現在臉部筋肉上，就會顯得很不自然，越是沒有表情的時候，越可能使感情更為衝動。

例如：有些職員不滿主管的言行，卻又敢怒不敢言，只好故意裝出一副無表情的樣子。事實上，不管如何壓抑那股憤怒的感情，他們內心的不滿依然很強烈，如果仔細觀察他們的面孔，就會發現他們的臉色不對勁。

人們經常把這種木然的面孔稱為「死人」似的面孔，也就是說他們像死人一樣面無表情，神色漠然。這種「死人」似的

下篇　EQ 高，
　　　就是有分寸感、會說話，讓人交流舒服

面孔本身就是一種不自然的表現。

雖然這類人努力使自己喜怒不形於色，但倘若內心情緒增強的話，他們的眼睛往往會瞪得很大，鼻孔會顯皺紋，或在臉上出現抽筋現象。所以，如果看見對方臉上忽然抽筋，那就表示在他的深層意識裡，正經歷著激烈的情緒衝突。

如果碰到這種人，最好不要直接去指責他，或者當場給他難堪。當看到部屬臉色蒼白、臉部抽筋時，主管最好這樣說：「最近是不是心情不好，如果你有什麼不快，不妨說出來聽聽。」要設法安撫部屬正在竭力壓抑的情緒。

死板的面孔或抽筋的表情至少可以暗示上下級關係陷入了低潮，這時雙方最好開誠布公地交換意見，以消除誤解，改善關係。

毫無表情有時候也可能代表著好意或者愛意，尤其是女性，倘若太露骨地表達自己的愛意，似乎為常情所不許，於是便常常表露出相反的表情，裝著一副對對方毫不在乎的樣子，其實這只是表面上的漠不關心，骨子裡卻是十分關心在意的。

◎ 憤怒悲哀或憎恨至極時也會微笑

通常人們說「臉上在笑、心裡在哭」的正是這種類型。縱然滿懷敵意，但表面上卻要裝出談笑風生，行動也落落大方。人們之所以要這樣做，是覺得如果將自己內心的欲望或想法毫無保留地表現出來，無異於違反社會規則，甚至會引

第五章　辨識他人情緒
──所謂 EQ 高，就是會察言、會觀色、會讀人

起眾叛親離，或者成為大眾指責的對象，恐怕要受到社會的制裁，不得已而為之。

關於這一點，最好的例子就是夫妻吵架。

丈夫小 A 和妻子小 B 剛結婚時，感情很好，常常形影不離。可是，隨著生活的日漸平淡，彼此都熟悉了婚後的生活，再也沒什麼新鮮感了，就常常為柴米油鹽醬醋茶的瑣事而吵架了。

起初小 A 和小 B 一有不滿就互相爭吵，各不相讓，但吵過後，兩人堅持不了幾個小時又和好了。後來，吵架隨著次數的增加好像成了家常便飯，小 A 和小 B 誰也不願再理睬對方，他們進入了冷戰階段。

但這也不是辦法，小 A 和小 B 還要面對家人和朋友，為了不讓別人看出來，他們逐漸過渡到有別人在場的時候，彼此顯得關係還不錯，很恩愛，而一旦只有他們獨處時，家裡則靜悄悄的，互不打擾。漸漸地，沒人在的時候他們也開始說話了，但這並不是盡釋前嫌，只是有時候有一些不得不說的話而已。

當彼此間的不可調和發展至極端時，不快樂的表情反而逐漸消失，他們的臉上反而呈現出一種微笑，態度上也顯得卑屈而又親切。怪不得一位經常辦理離婚案的法官說：「當夫妻間任何一方表現出這種態度時，就說明夫妻關係已到了不可調和的地步了。」

下篇　EQ 高，
　　　就是有分寸感、會說話，讓人交流舒服

　　由此可見，觀色常會產生誤差。滿天烏雲不見得就會下雨，笑著的人未必就是高興。很多時候，人們苦水往肚裡嚥著，臉上卻是一副甜甜的樣子。反之，臉拉下來時，說不定心裡在笑呢！

祕密全在小動作上

　　文字並不是人類最基本的表達和溝通方式，來自身體的語言才是人類最常用，也是最基本的表達和溝通方式。要想了解語言之外的情緒表現，就要透過一些非語言的資訊，比如姿態、動作、表情、服飾、語調等，來辨識非語言的情緒，理解他人的真意，以便成功地與人交流。

　　經驗豐富的家長很容易就可以察覺出自己的孩子有沒有說謊——當孩子費盡心機編造故事情節時，他的身體和眼神早已出賣了他。

　　在日常生活中，你一定有過這樣的經歷：儘管別人向你闡述了許許多多的理由和相應的論據，但你對他的話還是無法感到滿意和信服。某人向你吐了一大堆的苦水，試圖使你相信，他現在的境遇有多麼辛酸和令人悲傷，但你還是不能相信他所說的情況；某人特意在你面前炫耀自己現在過得多麼好，但你並不相信他；某人大聲地表示，自己對於你贈送的禮物是如何喜歡、如何滿意，但你從他的眼神中卻看到另

第五章　辨識他人情緒
──所謂 EQ 高，就是會察言、會觀色、會讀人

一種意思。

這到底是為什麼呢？別人已經向你闡述了這麼多的理由，為什麼你還是不相信他呢？真正的原因在於，他的身體向外界傳達出了完全不同的資訊，你透過他的身體語言察覺到他在說謊。

在日常生活中，人與人之間的交流與溝通，以及資訊的傳遞，有 80% 是透過身體語言完成的。因此，準確地理解身體語言十分重要。

熟悉和了解身體語言，可以使你更加清楚明白地表達出自己的意圖。在人際交流中，一方面，你要把自己的意思透過身體語言表達出來，另一方面，你要能夠清楚地了解別人透過身體語言所表達的資訊，並且做出回應。

了解他人的身體語言是洞察他人內心情緒的重要方法，只要掌握了這種技巧，你就能夠準確有效、迅速快捷地判斷出對方的情緒，並能對自己在判斷他人情緒時的失誤和教訓進行分析，累積豐富的生活經驗。

◎ 手語的祕密

一個人的內心世界不只是從臉部表現出來，當人們努力抑制臉部表情的變化時，身體的其他部位會在無意中洩漏真情。

下篇　EQ 高，
就是有分寸感、會說話，讓人交流舒服

下面是幾種常見的手語：

尼克森捲入水門事件後，在一次接受記者採訪時，出現了摸弄臉頰、下巴等動作。但在水門事件爆發前，尼克森從未有過這種動作。心理學家法斯特教授據此認為，尼克森這次肯定脫不了關係。

摸自己身體這種「自我接觸」在心理學上可以解釋為「自我安慰」。自我接觸的基本意義多為內心不安、緊張加強、恐懼等。當人在精神上受到傷害或產生緊張情緒時，便會不由自主地做出種種舉動，觸摸自己的身體，如撫摸、抓、捏等。尼克森的自我接觸就是由於證據確鑿，不自覺地將其恐懼心理流露了出來。

攤開雙手，表示真誠與公開。義大利人毫不拘束地使用這種姿態，當他們受挫時，便將攤開的雙手放在胸前，做出「你要我怎麼辦」的姿態。聳肩的姿態也隨著張手和手掌朝上而來，演員常常用到這個姿勢，以此來顯示自己所扮演角色的開放個性。

與開放接納的姿勢相對的，是一種保護自己身體、隱藏個人情緒、對抗侵侮的防衛性的姿態。一個裁判做了一個判決，某隊的球隊教練對該判決提出抗議，忽而雙手亂揮，忽而雙手深插口袋中，甚至握拳相向。而裁判用眼瞪著那個球隊教練，雙手交叉在胸前，做出一種防衛性的姿勢。

第五章　辨識他人情緒
——所謂 EQ 高，就是會察言、會觀色、會讀人

在談生意過程中，當你說明了來意或觀點之後，對方卻不置可否，不知道是拒絕還是應允時，這時候要注意對方手部的微小動作。

手部放鬆，手掌張開；將手攤開放在桌子上，整理桌上的物品；撫摸下巴。以上都可以看作是表示肯定情緒的手部動作。

如果對方的內心情緒是否定意義，那麼雖然表面上他似乎也會裝出感興趣的神色，但其手部動作卻會洩漏內心祕密。當對方出現下列手部動作時，很可能代表他的心理狀態是「我不高興」、「我不想聽你說話」、「我不會答應」等。

握緊拳頭；兩手放在大腿上，張開手，兩手拇指相向；兩手交叉放在頭部後面，或手指按在額頭正中央；和你交談時，不斷地把玩桌上的東西；打開抽屜又關上，好像在找東西；兩手撐住下巴；用手指連續敲桌子。

心理學家還發現，當一個人用手摸頸後時，往往是出現了惱恨或懊悔等負面情緒。他們把這個姿勢稱為「防衛式的攻擊姿勢」。在遇到危險時，人們常常不由自主地用手護住腦後，但在防衛式的攻擊姿勢中，他們的防衛是偽裝，結果手沒有放到腦後，而是放到了頸後。女人尤其擅用這種偽裝，她們伸手向後，撩起頭髮來掩飾自己的惱恨情緒。

人們在大庭廣眾面前演講時，倘若心情激昂，或講到興

下篇　EQ 高，
　　　就是有分寸感、會說話，讓人交流舒服

高采烈之處，也會很自然地手足活動起來，或者撫弄麥克風的架柱。

握手也藏有深層的心理術。一般常說，握手的力氣大小同性格有關。比如握手有力者多是富於主動性並充滿自信的人，握手無力者則缺乏魄力，性格軟弱。另外，在晚會上和不相識的人一個勁兒地握手的人，說明他喜歡顯示自己。

透過握手了解對方的微妙心理活動時，最具代表性的就是根據手的溼潤程度進行推斷。人的身體常伴隨著恐怖、驚訝之類的感情變化，不受自身意志控制的自律神經就會活動起來，引起呼吸紊亂，血壓和脈搏發生變化，從而出現精神性的出汗現象。如果握對方的手時，感覺對方的手掌滲著汗，就可以認為對方心情緊張，失去了內心平衡。

曾經在警察局活躍一時的科學搜查老手，就曾經勸警官們試用一下詢問握手法——在審訊嫌疑犯時輕輕地握握手。開始審訊時先握一下手，然後每當觸及核心問題時，邊說「讓我們慢慢談談」之類的話，邊握對方的手。假如嫌疑犯剛開始的手掌是乾的，在談話過程中出起汗來，就可以推測出此人正是罪犯。眾所周知的測謊器就是依靠記錄受測者汗腺的興奮情況，對其心理狀況進行科學的判斷，其原理和詢問握手法沒有什麼不同。

第五章　辨識他人情緒
——所謂 EQ 高，就是會察言、會觀色、會讀人

◎ 足語的祕密

比起手部動作來，腿部和足部動作顯然要少一些，它們的表現也因此比手部單純得多，而且當一個人感情激昂時，足部動作反而會更貧乏，所以透過足部動作透露出的情緒資訊往往被人們所忽視。

然而，正因為人們總是忘記了去注意自己的雙腳，它們所提供的資訊也就更有價值，更能反映一個人的真實內心。

當你看到某人兩隻腳踝相互交疊，你就應注意此人是不是正在克制自己。因為人們在克制強烈的情緒時，會情不自禁地將腳踝緊緊交疊。在生意場或其他社交場合中，當一個人處於緊張、惶恐的情況下時，往往會做出這種姿勢。有人開玩笑說，這種姿勢就像「急著上廁所而又不能去的樣子」。

談判時，當對方身體坐在椅子前端，腳尖踮起，呈現一種殷切的姿態，這就是願意合作、產生了積極情緒的表示。這時善加利用，雙方就可能達成互惠的協議。

有位商人在談生意時發現對方露出不快的神色，似乎不願意繼續和他談下去。為了做成這筆生意，他仍然委婉地說：「我誠心誠意地要做成這筆交易，我已經把底牌都攤開給你們看了。」他滿以為態度如此誠懇，對方肯定會答應他，殊不知對方更加強硬了。因為對方已發現了他口是心非，難以信任，最後大家不歡而散。

下篇 EQ 高,
　　　就是有分寸感、會說話,讓人交流舒服

　　為什麼會出現這種意料不到的結局呢?原來是他的腿洩露了他內心的真實感受。在說話時,他身體挺直,兩腿交叉蹺起,這一姿勢表示懷疑與防範,與他所說的「誠心誠意」正好相反,對方當然不願意與他簽訂這項協議了。

　　所以,在推銷商品或個人交往中,要注意那些「蹺二郎腿」的人。對於那些坐在椅子上蹺起一隻腳或跨坐在椅背上的人,更要引起警惕,因為這種人往往缺乏合作的誠意,對別人的需求漠不關心,甚至還會對你帶有一定的敵意。

　　人們能夠自信地站立、忐忑不安地站立嗎?當然可以。

　　自信地站立,通常情況下表現為雙腳同時穩定地支撐著自己的整個身體,雙腿伸直,但是腿部肌肉是放鬆的,膝蓋並不像點名集合時那樣不自然地繃直。雙腳的位置並非完全平行,而是腳尖略微朝向外側。在這種情況下,人們通常不會頻繁地走動,站立的姿勢大體而言是充滿自信的。

　　採取忐忑不安的站立姿勢時,人們往往傾向於將身體的重心轉移到某一個支撐腳,而伸出另一隻腳。他的腳尖可能會略微朝向內側。這種情況下,人們通常不會站著不動,而是會不停地走來走去,不斷地試圖尋找一個更安全的地方。這樣的姿勢顯得不穩定和不自信。

　　走路的姿勢和腳步的幅度也會折射一個人內心的情緒。比如:一個人兩手插在口袋中,拖著腳步,很少抬頭注意自

己正在往何處走,說明這個人的心情非常沮喪。而一個身體前傾,步伐很大的人則很可能正著急趕時間。相反,抱著雙臂、邁著八字步緩慢行走的人就很自然地流露出了他那悠閒的心境。

◎ 舌頭的祕密

舌頭的吞吐之間,其實是大有學問的。

舌頭儘管是身體內的一個器官,但因為它可以被露在外面,所以也成了身體語言的媒介之一,可以用來表達恐懼、欲望、拒絕,以及侵犯他人等資訊。所有的這些,都可追究到嬰兒被餵食的本能反應。

例如:有許多敏感、脆弱、帶點神經質的人,經常有「咬東西」的動作,追根溯源,即是嬰兒飢餓時緊咬母親乳頭才覺得心安這種原始本能的再現。因此,「咬東西」是一種「口腔安慰」,它是嬰兒時期因為某些不明原因而形成的習慣性焦慮所造成的。小時候的吮手指、咬指甲,長大後的咬原子筆、咬香菸,雖然咬的東西不同,但意識深處的那種焦慮不安則是一樣的。

在舌頭的諸多動作裡,最值得討論的,乃是用舌頭表達「拒絕」的各種動作。

例如:當人們受到巨大驚嚇時,除了目瞪口呆、雙手平舉、掌心向外,還會把舌頭伸出來。這些動作所代表的符號

下篇　EQ 高，
　　　就是有分寸感、會說話，讓人交流舒服

　　意義以前一直讓人費解，但到了現在，大家已達成共識，這是一組誇大的表示拒絕的動作。雙手平舉、手心向外，是一種想要把可怕推開的動作，而舌頭伸出來和嬰兒用舌頭頂開他不想吃的食物一樣，是在表達拒絕，只是這種拒絕的程度更大一些。

　　由於上述動作是人們被嚇到時的身體語言，於是，當人要侵犯別人時，就會「己所不欲而施於人」，用這種動作來侵犯別人。這就是「侵犯式的吐舌頭」，也就是所謂的「吐舌頭，扮鬼臉」。這種動作之目的在於嚇人，無禮地侮辱人，但它的根本仍是拒絕，以及轉化成的輕蔑。

　　當人們碰到某種小緊張、小尷尬時，也會吐舌頭。但這種情況下的吐舌頭動作不會太久，吐一下就很快縮了回去。這種形態的吐舌頭，在世界各國的幼稚園孩子身上非常容易看到，其所表達的乃是程度最輕微的拒絕，但並不帶有任何侵犯性的意義。儘管幼稚園老師會在孩子伸舌頭後加以制止，但這種動作還是延續了下來，成了一種「扮可愛」的表現。

　　除了上述伸舌頭、吐舌頭之外，舌頭還有一種無論老幼、不分男女都會做的動作，那就是當人們專心做一件事情，如專心解一道數學難題、專心玩遊戲或心無旁騖地讀一本書時，他們通常會把舌頭露出一點，用雙唇緊緊地抿住，

第五章　辨識他人情緒
——所謂 EQ 高，就是會察言、會觀色、會讀人

一動也不動。

這種露舌頭的動作以前也很讓人費解，但到了近代，由於對人的行為有了更多的理解，它的含義才被解開。露舌頭的動作其實也是一種本能的、下意識的拒絕訊號，它具有「別打擾我」、「別煩我」的意思。

學會傾聽，別人才能聊得開

人人都希望被了解，也急於表達自己，卻疏於傾聽。而傾聽者通常是無法令人抗拒的，因為他們富於同情心，願意分享人們的弱點，願意傾聽人們訴說不愉快的情緒。如果你想要他人喜歡你，你不妨去做個傾聽者，千萬不要逃避。

傾聽是為了理解，是心和心的深刻交流。作家鮑威爾曾說：「我們要聆聽的是話語中的含意，而非文字。在真誠的傾聽中，我們能穿透文字發掘對方的內心。」

人們都喜歡傾聽者，尤其是有同情心的傾聽者，他們就像自己最親密的朋友一樣，無論對個人還是對團體都能產生積極的作用，並且讓人感覺他們相當可靠、值得信賴和十分忠誠。

傾聽者會在考慮自己的需要前先考慮他人的需求，並且會支持和幫助他人。傾聽者喜歡進入他人的心靈和頭腦，並且樂於分享他人深層次的感受。人們之所以傾向於向傾聽者

下篇　EQ 高，
　　　就是有分寸感、會說話，讓人交流舒服

打開心扉，是因為人們渴望被關懷，而真誠的傾聽者確實也做到了這一點。

當他人受到傷害時，傾聽者也同樣有受傷的感覺，就如同他自己經歷過一樣；當他人心痛的時候，傾聽者的心也會真的痛起來。為了幫助他人克服這種傷害，傾聽者總是主動和他人接近，願意聽更多人訴說，這有助於保持情緒溝通的車輪不停地運轉。

傾聽者是最充滿人性魅力的人，並且極度忠誠。如果他們的需要在工作中得到滿足，他們會更加努力。他們願意傾聽所有人的聲音，而不論對方身分高低，對任何人都有同情心，這就是他們的魅力所在。

從某個你感覺非常親近的人或者是與你有信任關係的人開始，不論他是家庭成員還是朋友，與他在一起度過一些不受干擾的時間，並且聽他講述他生命歷程中最重要的篇章。在這個過程中，隨之而來的情緒可能會讓你哭或笑。當你越來越頻繁地進行類似嘗試時，你會發現自己擁有了討人喜歡的傾聽者的特質。當這種特質增強時，你會擅長掌控各種情緒，並且能夠運用你對他人的感覺去判斷他人。

一個窮人來到一位百萬富翁家裡，向對方傾訴自己的悲慘遭遇。窮人講得那麼真切動人，給了百萬富翁一種從來沒有過的感動。百萬富翁抹著淚對僕人說：「約翰，快把這個窮

第五章　辨識他人情緒
——所謂 EQ 高，就是會察言、會觀色、會讀人

漢趕出去，他使我的心都碎了。」這位自以為在傾聽的百萬富翁，並不是一個真正的傾聽者。

作為一個傾聽者，並不意味著軟弱和順從，相反卻需要大量內在力量。

艾略特是個熟練的傾聽藝術大師。美國小說家亨利・詹姆斯回憶說：「艾略特的傾聽並不是沉默的，而是活動的。他直挺挺地坐著，手放在膝蓋上，除了拇指或急或緩地繞來繞去，沒有其他的動作。」

艾略特面對著對方，似乎是用眼睛和耳朵一起聽對方說話。他專心地聽著，一邊聽一邊用心思考對方所說的話。最後，這個說話人會覺得，他已說了自己要講的話。

佛洛伊德要算是近代最偉大的傾聽大師了。一位曾遇到過佛洛伊德的人這樣描述他傾聽別人講話時的態度：

「那簡直太令我震驚了，我從沒有見過這麼專注的人有這麼敏銳的靈魂洞察和凝視事情的能力。他的眼光是那麼謙遜溫和，他的聲音低柔，姿勢很少改變。但是他對我的那份專注，他表現出的喜歡聽我說話的態度，足以讓我銘記終身。你真的無法想像，別人如此聽你說話所代表的意義是什麼。」

傾聽有五個層次，即聽而不聞、虛假地聽、選擇性地傾聽、專注地傾聽和同理心傾聽。到底以何種方式傾聽，才最

下篇　EQ 高，
　　　就是有分寸感、會說話，讓人交流舒服

有利於了解對方，並與對方達成溝通，建立感情呢？心理學家建議用「同理心傾聽」。

所謂同理心傾聽，就是設身處地用心聆聽另一個人的思維與心聲，並嘗試以他人的雙眼來探究世界的傾聽方式。在所有的傾聽方式中，這是唯一能夠真正深入他人心理的方式，也是高 EQ 的表現。

據專家猜想，人際溝通僅有 1/10 透過語言來進行，3/10 取決於語調與聲音，其餘 6/10 則得靠肢體語言。所以，在同理心傾聽的過程中，不僅要耳到，還要眼到、心到，用眼睛去觀察，用心靈去體會。

在傾聽時，你可以透過一些恰當的交流和引導，讓對方在傾訴過程中，對於自己所面對的問題有更多的認知和了解，並且要鼓勵他憑藉自己的力量尋求解決問題的方法。

你可以在談話中採取下面兩種方式來引導別人找到解決問題的方法：

◎ 用你自己的話重複一遍你所聽到的

例如：「我認為……」可以用一些簡短的語句將說話者想要傳達的中心話題歸納一下，一方面，你可以藉此向他表示，你用心傾聽了他講的話；另一方面，你也能給他一個機會，使他能夠對自己說過的話進行一些修正和補充。

第五章　辨識他人情緒
——所謂 EQ 高，就是會察言、會觀色、會讀人

◎ 從你的角度評價對方的情感狀態

在談話的過程中，你可以從你的角度評價一下對方的情感狀態。例如：「你這樣生氣，對……」你所說的可能正是對方並未意識到的事情，這樣你就有可能說出問題的重點，同時也能使他清楚地意識到自己的問題所在。

傾聽別人傾訴是辨識他人內心情緒的最好方式，也是實現溝通的前提，只有用心去傾聽，人們才能恰如其分地投入到談話中。

在傾聽時，以下這些原則都是值得重視的：

- 目光應該自始至終注視著說話者；
- 全神貫注於對方身上；
- 顯示出你的興趣；
- 不要讓別人分散你的注意力；
- 避免做一些容易分心的動作，比如滑手機；
- 投入你全部的時間；
- 當別人不能馬上將一件事帶入重點時，你也是有責任的；
- 不要打斷別人的講話；
- 設身處地想想對方的處境；
- 透過你的身體語言，向他傳遞你要傳遞的訊號，例如用點頭表示你對他的贊同；

下篇　EQ 高，
　　　就是有分寸感、會說話，讓人交流舒服

◆ 你不要在整個過程中一言不發，只知道死盯著對方的眼睛，只知道一個勁兒地點頭；
◆ 你也可以在傾聽別人的時候喝一杯咖啡。

以上這些所謂的原則只是一些可以用來參照的依據，而不是必需的行為準則。因為每一種談話的方式都要求傾聽者做出不同的傾聽行為。

愛就是「我願意聽你說」

有間雜誌社曾刊出了一篇對公司員工的妻子所做的調查報告。他們引述一位心理學家的話說：「一個男人的妻子所能做的一件最重要的事情，就是讓她的先生把他在辦公室裡無法發洩的苦惱都說給她聽。」能夠盡到這個職責的妻子，被賦予了「鎮定劑」、「防哭牆」、「共鳴器」和「加油站」等稱號。這個調查報告同時也指出，男人需要的是溫柔、主動的傾聽，而不是什麼勸告。而事實上，最常發生的情形卻往往是這樣的：

丈夫回到家，上氣不接下氣地說道：「老天！親愛的，今天真是個值得慶祝的日子！我被叫進董事會裡，匯報有關我所做的那份區域報告。他們還想聽我的，而且⋯⋯」

「真的嗎？」妻子心不在焉地說著，一點也不用心的樣子，「那真好，親愛的，快來！吃點我剛做的醬牛肉吧！對

第五章　辨識他人情緒
——所謂 EQ 高，就是會察言、會觀色、會讀人

了，我有沒有告訴過你，早上我找人來修下水道了？那人說有些地方應該換新的了。你吃過飯後去看一下好嗎？」

「當然好，寶貝。噢，就像我剛才說的，董事會聽取了我的建議。說真的，起初我真的有一點緊張，但是我終於發覺我引起他們的注意了⋯⋯」

妻子插話道：「我常認為他們不了解你、不重視你。哎，對了，你必須和兒子聊一聊他的課業問題，這學期他的成績實在糟糕透頂。他的班導說，如果兒子肯用功的話，一定可以考得更好的。對於他的課業問題，我現在真的無計可施了。」

到了這時候，丈夫才發覺他在這場爭奪發言權的戰爭中已經徹底失敗了。於是，他只好無奈地把他的得意和醬牛肉一起吞到肚子裡，然後解決有關下水道和兒子教育的問題。

難道他的妻子真的如此自私，只在乎自己的問題嗎？當然不是，其實，她和丈夫一樣，也想找個聽眾傾訴一番，只不過她把自己傾訴的時間搞錯了。其實，她只要耐心地聽完丈夫在董事會上出風頭的事，等他把自己興奮的情緒發洩完了以後，就可以跟丈夫大談家庭瑣事了。

任何一位身在職場的人都有這樣的感受：下班後，如果家裡有個人願意聽你談談這一天所發生的事情，不管是好的還是壞的，這會讓自己覺得不那麼孤單。因為，在辦公室裡，常常沒有機會對所發生的事情表示意見。如果事情進展

下篇　EQ 高，
　　　就是有分寸感、會說話，讓人交流舒服

得很順利，我們也不能在那開懷高歌；而如果碰到了困難，最好的同事也不願意聽你說那些麻煩事，他們自己已經有夠多的煩惱了。於是，當我們辛苦地工作了一天回到家裡時，往往會有一種想一吐為快的迫切心情。

善於傾聽的伴侶能夠給自己的另一半最大的安慰。

高 EQ 的妻子會在老公遇到生意上的煩心事時，以關切的態度認真聽丈夫訴說他的難處，而不是抱怨丈夫做事不謹慎、愛冒險或者直接避而不談相關的問題。其實，丈夫跟妻子聊工作上的不順心時，並不是期望妻子能替他出謀劃策，而只是想找個人說一說內心的壓力。如果妻子能夠用耳朵和心耐心傾聽，無疑是給丈夫最大的安慰和鼓勵。

高 EQ 的丈夫在妻子被生活的瑣碎事情以及職場的壓力弄得身心疲憊時，願意犧牲看球賽或者無意義的應酬時間聽妻子吐一吐苦水，那麼妻子就不會覺得沒人體諒，心中壓抑的情緒發洩出來後，心情自然會好很多，這樣就不會總是沒完沒了地抱怨，夫妻間的感情也會因此而變得更加深厚。

夫妻間的相處不是靠智商而是靠 EQ。即使你不會用甜言蜜語哄對方開心，但耐心聽對方說話同樣是一種傳情達意的方式，甚至是更貼心的方式。

第五章　辨識他人情緒
——所謂 EQ 高，就是會察言、會觀色、會讀人

正確提問是最核心的溝通

　　了解別人心理的最簡單的辦法就是提一些恰當的問題。對方往往會以你的提問方式決定如何向你顯示自己的情緒和心理，所以注意提問的方式將有助於你更好地了解對方。

　　奧斯卡·王爾德曾經說過：「絕對不要冒失地提問，要在適當的時機提出自己的問題。」人們也往往認為，了解別人的最簡單的辦法就是根據自己的感覺提出一些問題。但是有的時候，這種問題並不是對方所需要的。

　　如果你完全出於好奇心，或是出於喜愛聽駭人聽聞的事情的心理，你提出的問題就會使別人感覺好像自己在被人尋根摸底、被人利用，甚至還會讓人感覺自己受到了傷害。因此他根本不會對這樣的問題感興趣，當然也不會做出詳細的回答，你想了解他的目的也會落空。

　　當你粗魯和冒失地向他人提問時，對方會覺得自己的私人領域受到侵犯，精神受到傷害或者侮辱；審問性的提問則使別人感覺自己被人檢查，感覺自己被逼入某種困境，因而會拒絕交流；誘逼性的提問很有可能引導別人做出回答，但這種問題對雙方而言都沒有什麼成效，因為你根本得不到真誠的回答；追根究柢的提問的目的是，打聽某人關於某方面的具體情況，而這樣會導致對方過早地處於防守地位，不利於交流。

下篇　EQ 高，
　　　就是有分寸感、會說話，讓人交流舒服

這些都是人們在消極情況下可能提出的問題，這些問題會使別人產生反感的情緒，別人只會早早地失去繼續交流下去的動力。這種情況根本談不上交流，你也難以得到對方的詳細資訊。

那麼，如何正確地提出問題呢？

◎ 你所提的每一個問題都要清楚表達出自己的真正意圖

如果你希望從別人那裡得到一個簡短精確的回答，那麼你就應該使用所謂的「封閉性提問」或者是「選擇性提問」。例如：「你現在想要冰淇淋嗎？」對於這樣的問題，所有人給出的答案最有可能為「要」或者「不要」。但是，如果你希望雙方能夠進行一次深入細緻的交流，那麼這一類回答「要」或者「不要」的提問方式，難免顯得有些力不從心了。

如果你希望從交談對象那裡得到一些更加確切的回答，但同時又不想給對方造成太大的壓力，那麼可以選擇「半開放式的提問」或者說是「關聯提問」。例如：「你為什麼不喜歡這部電影？」「你為什麼非得現在開始休假呢？」在這種提問方式下，你事先並不會給出或者暗示任何可供對方選擇的答案。對方的回答是比較自由的，他可以講得多一些，也可以講得少一點，可以相對詳細一點，也可以只是表面上介紹一下。

如果你並不希望給予對方任何思路或者暗示，也不想太

第五章　辨識他人情緒
──所謂 EQ 高，就是會察言、會觀色、會讀人

多地表露出自己的意圖，而只是希望給予對方盡可能大的選擇空間，那麼你可以使用「完全開放式提問」。例如：「你最近過得怎麼樣？」

如果你希望透過自己的提問方式，讓對方覺得你是在為他考慮，是在設身處地為他著想，那麼你可以使用「具有感染力的提問方式」。例如：「這兩天我覺得你有一點無精打采，我想，可能是你的工作壓力太大了。你覺得如果把我們的約會稍稍往後延遲一點，對你來說會不會好一些呢？」透過這種提問方式，你不僅給自己留下了迴旋的餘地，以便應對各種可能發生的變化，同時也給對方留下了這樣一種印象：你能夠體察到他身上的問題，你對他的狀況很關心。

同一個問題可以用不同的方式進行表達，那些一眼看去完全相同或者相類似的問題，經過仔細的審視與思考以後，你往往可以發現它們會對對方產生不同的效果，更有助於你了解對方。不妨將自己置於下面的場景中，好好揣摩下面這些簡單的問題：

- 咖啡？
- 要不要喝一杯咖啡讓自己清醒一下？
- 要不要喝一杯咖啡？
- 你願意和我一起去喝一杯咖啡嗎？
- 現在你不想來一杯咖啡嗎？

下篇　EQ 高，
　　　就是有分寸感、會說話，讓人交流舒服

- 你覺得現在喝一杯咖啡對你會不會有好處呢？
- 你給我一種感覺，好像你現在需要喝一些東西，來杯咖啡怎麼樣？

◎ 提問要客觀，
切忌用自己的觀點來解說從別人身上看到的現象

要想準確地了解別人的心理，請避免用自己的觀點來解說從別人身上看到的現象，你只需要提出你看到的或感覺到的表象即可。如果你僅僅根據自己的經驗就對別人的狀況做出判斷，別人通常出於禮貌會向你做出一個合乎情理的回答，但這種回答很可能不是你想了解的實情。

一個事業有成的男人到他的治療醫師那裡尋求幫助，他的治療醫師關心地問道：「你能告訴我你有什麼問題嗎？」該男子提到了他在生活和工作中負擔過重的問題，並進行了詳細闡述：他要做的事怎樣怎樣多，每天他要完成多少工作，他每天要處理多少大大小小的問題。因此，他根本沒有留給自己的時間。

這個男人的治療醫師耐心地傾聽著，當他終於說完了之後，治療醫師問道：「你對我說，每天你都要忍受很重的負擔，可是為什麼你還這麼自豪地對我講述這一切？為什麼你在講述這一切的時候，臉上始終洋溢著高興的表情？」

透過提問和觀察，治療醫師很快就意識到，在生活中追趕該男子的並不是這些工作，雖然他的工作的確很多，但是

第五章　辨識他人情緒
——所謂 EQ 高，就是會察言、會觀色、會讀人

真正的問題在於，根據他的自我價值觀，他需要這麼多的工作來維持這種大人物的感覺。他很自豪，他是如此重要，有那麼多的事情要他去做，有那麼多的人需要他的幫助。

治療醫師並沒有給該男子一個結論性的回答，他只是陳述了一個客觀事實。最後，該男子更加詳細地敘述了自己的許多症狀，治療醫師給了他一個準確的治療方案。

不只是治療醫師，對每一個希望了解別人的人來說，都有一個根本原則，那就是：你只需提出你看到的和感覺到的，而不要根據你的所見所聞想當然地總結出解決別人問題的辦法。

比如：你應該說「你今天臉色蒼白」，而不是「今天你看上去好像很累（或者是病了）」；「你今天根本不能安靜地坐下來」，而不是「你今天非常激動，煩躁不安」；「你今天一點也不健談」，而不是「你今天怎麼又發脾氣了」；「你今天穿得很時髦、很漂亮」，而不是「你今天是不是與男朋友有一個約會」……

為什麼前一種表達方式比後一種表達方式要好一些呢？非常簡單，因為你從別人身上觀察到的現象可能對應很多事實。比如某人臉色蒼白，可能是因為疲勞，也可能是由於生病，或者他故意把自己化妝成臉色蒼白的樣子。真正的原因應該由他自己對你說——如果他真的願意說的話。

如果你僅僅根據自己的經驗就對別人的狀況做出判斷，

169

下篇　EQ 高，
　　　就是有分寸感、會說話，讓人交流舒服

在你非常疲勞或是生病的時候會表現得臉色蒼白，那麼你的判斷可能會給別人帶來壓力，使他不得不做出一些不必要的解釋。即使他不想對此多說什麼，通常也不會粗暴地回答：「讓我自己待一下。」而會出於禮貌，給出一個合乎情理但極有可能不是實情的回答。

你看，在提問某些問題時，相互之間只有很細小的差別，所表達的意思幾乎是一樣的，但是對於比較敏感的人來說，可能就大不一樣了。對方可以透過你不同角度、不同方式的提問，了解你的意圖或者願望，對你的感覺可能也會隨之而有所不同。

第六章　最高的 EQ 叫自有分寸
── 掌握好說話火候，不讓人難堪

EQ 高的人，不會這樣開玩笑

我們人類總有一些獨特的社交本領千百年來沿用至今，其中「開玩笑」算是人們經常使用的一種和人迅速拉近距離的方法。開玩笑的人動機大多是好的，逗大家一樂，能夠很好地活躍現場的氣氛，特別是尷尬時刻，適當的玩笑話就像一陣清風，能吹散凝滯不動的空氣。但是，玩笑開得不好，則會適得其反，造成彼此尷尬，影響感情。所以，開玩笑這種事開對了是幽默風趣，開錯了就成了侮辱。

到底什麼才是真正有 EQ 的開玩笑？就像韓國奇幻愛情劇《聽見你的聲音》裡說的：「開玩笑，只有在被開玩笑的人也覺得好笑的情況下才叫做開玩笑，如果被開玩笑的人並不覺得好笑，那麼就是恐嚇。」玩笑絕不是某些人以為的誰都能開得了、什麼時候都能開、誰都願意被開的事。真正得體的玩笑是需要高 EQ 來掌控分寸和場合的，而隨便跟人開不合時宜的玩笑，真的是特別沒教養的行為。

所以，你可以開玩笑，但一定要拿捏好分寸，分得清場合。一旦某個玩笑讓人感到尷尬了，就會衍生怨懟的情緒。

下篇　EQ 高，
就是有分寸感、會說話，讓人交流舒服

小林這幾年一直有一個痛處是：結婚三年還沒孩子。而她一直很希望有個孩子，平時我們說話都沒人敢碰這個話題。小林呢，偶爾調侃自己，然後，我們一般都會樂呵呵地細數帶孩子的不容易，讓她放寬心，好好享受二人世界，孩子遲早會來的。

但是，沒眼色的小莉偏偏哪壺不開提哪壺，大剌剌地對小林開玩笑道：「不能下蛋的雞可不是好母雞哦！」並搖頭晃腦地幫小林分析，她可能患上了什麼病；她可能機能不行，女的是塊鹽鹼地；說完小林，又開始分析小林的老公。最後，還幫他們列了一堆治療不孕不育的醫院。

小莉說得起勁，完全不顧小林越來越黑的臉色。

玩笑和攻擊是兩回事。每個人都有最反感他人提起的弱點，比如：身材不高的人不喜歡別人說自己矮，體重較重的人不喜歡別人說自己胖。不抨擊別人的缺點，不抓住他人的痛處開惡俗的玩笑，就是高 EQ。

好的玩笑裡，藏著高 EQ；壞的玩笑裡，卻藏著匕首。我們要知道，自己是不是在對的時間開了一個對的玩笑。畢竟，開玩笑這種 EQ，並不是人人能夠勝任的，未到時機，還是養精蓄銳吧。因為開玩笑毫無分寸的樣子，真的滿醜的。

一旦玩笑開過了頭，如果朋友願意包容，那是你的福氣；如果朋友為此疏遠了你，那你只能怪自己口無遮攔，不懂得為朋友考慮。

第六章　最高的EQ叫自有分寸
　　——掌握好說話火候，不讓人難堪

　　曾經在社群平臺看到過一張截圖，裡面的女孩在閨蜜的自拍底下留言：「雖然妳窮，妳醜，妳矮，妳賤，妳什麼都沒有，但我永遠不會嫌棄妳，妳永遠是我最好的姐妹。」結果閨蜜直接氣炸了，甩給對方一句回覆：「請妳有多遠滾多遠！」在我看來，這根本不是幽默，而是自私。

　　其實，網路上的奇葩留言不止這一個，一位作家在其文章中列舉如下：

　　一個朋友，最近懷了二胎，很多人送上祝福，這本來是一件很開心的事情，但朋友卻被一些不恰當的祝福氣得不行。比如：「恭喜恭喜啊，梅開二度啦。」「太好了，老來得子值得祝福。」

　　朋友鬱悶得只能再po一篇文說：「我只是要二胎，不是二婚，年齡也才30出頭，自認為不算老。不知道怎麼評論的朋友，麻煩你們按個讚就ok。」

　　還有一次，朋友的手機丟了，在IG發了一條限動：「手機丟了，心情不好。」結果，有人來了一句：「看到妳不開心，我就開心了。」然後，就沒有然後了，因為朋友把那個人封鎖了。

　　「你評論的方式，出賣了你的人品。你嘲笑別人的樣子，暴露了你的教養。」不會說話、不注意說話方式的人就是這樣，會把原本其樂融融的氣氛，變得誰都不開心。

　　你沒有那麼多對你的毒舌全盤包容的朋友，你沒有那麼

下篇 EQ 高，
　　　就是有分寸感、會說話，讓人交流舒服

多你以為的幽默感。當不知道說什麼的時候，最保險的做法就是選擇安靜閉嘴。發揮你的幽默感時，必須看場合和對象，最好避免粗俗的幽默，否則就不是幽默，而是鬧笑話了。

有一種高 EQ 叫「不拆穿」

在網路上看到一個圖文故事：

一個女孩和閨蜜湊巧搭一個帥哥的豪車回家，回到家後閨蜜在 IG 發了這輛車的照片，並且是從俯瞰方向盤的司機視角拍攝的。配文語焉不詳，意思模糊，每個看到這張照片的人都誤會這車是閨蜜買的，還有幾個共同朋友留言誇讚閨蜜的車很漂亮。閨蜜回覆「謝謝」。

這個女孩看後覺得心裡很不舒服，就在 IG 回覆：「這輛車不是妳的，妳為什麼不說明白呢？」然後閨蜜很生氣地把女孩封鎖了。

雖然閨蜜的反應有些過激，但是我認為女孩的做法更是令人反感。社群平臺裡的留言，好友都可以看到，所以，女孩還是應該稍微替閨蜜留點面子，沒有必要就這麼赤裸裸地拆穿。她可以私訊提醒閨蜜一句，進行善意的規勸。畢竟虛榮不是天大的罪，沒有必要「咔嚓」一個雷就真的劈死不傷天不害理就隨便裝一裝的好朋友，弄得這麼血淋淋，我都替這個女孩的 EQ 著急。

第六章　最高的 EQ 叫自有分寸
―― 掌握好說話火候，不讓人難堪

其實，我覺得每個人都有自己內心的小祕密，都有自己想掩飾的東西。就算他愛慕虛榮，但只要不是原則性問題，為什麼不成人之美呢？撕破臉又如何？地球是圓的，還是可能會再聚的，還真的要老死不相往來嗎？

很多時候大家心照不宣，是因為深知為別人留面子，就是為自己留面子。生活不是《名偵探柯南》，不必時時尋求真相，生活更像是《金瓶梅》 ―― 不用多說，你懂的。

真正的高 EQ，就是不讓人感到尷尬。所以，在生活中，對於身邊人做出的不妥之事，雖然我們會一眼看破其本質，但是礙於對象、場合和時機，並不合適說破，否則，既容易讓人下不了臺，也可能傷了情分。這種情況下，看破不說破，看穿不揭穿，不讓人感到難堪，才是人際交往的最好態度。

中國演員黃渤曾講過一則趣事：

有一次黃渤坐飛機去上海參加活動，下飛機過通道時被一名走在後面的中年人冷不丁拍了下肩膀，這一拍差點震落手機，中年人護著手機對黃渤不住地道歉，坦言是因為見到偶像太興奮。

黃渤也用敬語回敬，一件小事，無傷大雅。

兩人開始並排走向出口，聊盡天南地北。末了，中年男子說一句：「我最喜歡你演的一個電影了，就是有劉德華、李冰冰那個，啊，對了《天下無賊》。」

下篇　EQ 高，
　　　就是有分寸感、會說話，讓人交流舒服

　　黃渤一下子蒙了，很明顯，你們懂的，中年男子錯把他當成了王寶強。而且很尷尬的是，這個人又對黃渤說了一句話：「你給我簽個名唄。」

　　簽「王寶強」還是「黃渤」？這的確很讓人天人交戰。最後，黃渤接過遞過來的筆記本，大筆一揮，大大方方地簽上了「王寶強」三個字，並且很幽默地用王寶強的語氣和那個中年男子道別。

　　其實，被粉絲認錯人、表錯情，黃渤本身是尷尬的。但他知道，如果他簽上了「黃渤」兩個字，事情只會變得更糟，那個粉絲也會很難為情。所以，他選擇看穿不揭穿，以真摯的感情、機智的 EQ，緩解尷尬的同時換來的也是別人的敬意。

　　不得不說，黃渤的 EQ 真的很高：「不讓別人尷尬，也不讓自己尷尬。」這是他的智慧，也是他的善念。

　　蔡康永在《蔡康永的說話之道》裡說過一句話：「少給別人找麻煩的辦法，就是把麻煩在自己手裡解決掉。」我認為這句話套用到避免尷尬上也很適用：「少讓別人尷尬的辦法，就是把尷尬到自己的事，順勢解決。」

　　黃渤還講過，自己有個朋友，因為少年白，每次搭公車都有人讓座，結果他還每次都坐了。黃渤就反問他：「你怎麼這麼不要臉啊？」他朋友說了：「我要是不坐的話，讓座的人會很尷尬的。」仔細想想，還真的是這個道理。

第六章　最高的 EQ 叫自有分寸
──掌握好說話火候，不讓人難堪

生活中，愚昧者看不懂，聰明人看得破；看破不說破是大聰明，真高明，看破又說破則是大愚蠢，假精明。很多時候，「不拆穿」真的是一條黃金交際法則。與其捅破那層紙讓對方難堪，倒不如裝作不知道，讓彼此更舒服、更安全。

所以，拆穿從來不是一件明智的事情，那不能證明你知道得多，只能證明你不懂尊重別人的底線。能看破是種能力，不說破是一種成熟。這不叫虛偽，而是處世中應有的智慧。

自黑的潛臺詞

有人說，說話的最高境界便是幽默，而幽默的最高境界是自我解嘲。自嘲也就是網路上流行的一個詞──自黑。

與人交往的時候，你最擔心的是什麼呢？被別人諷刺貶低從而失了面子，相信沒有比這更糟糕的事了。但我們都不是神，有時說話做事難免會落下笑柄，讓不懷好意的人趁機對我們譏笑諷刺。其實，在這種情況下，我們大可不必生氣抓狂，不妨學一學演藝圈裡那些長年累月被網友「黑」的明星們的做法──以自黑反擊他黑。

中國知名女演員楊冪在無數影迷心中是女神，而在網路上，楊冪也備受爭議，「唱功爛」、「演技差」、「整形」等負面聲音一直不斷。不過，對於經常被黑，楊冪心態很好，勇敢

下篇　EQ 高，
　　　就是有分寸感、會說話，讓人交流舒服

地登上了把她黑得最「慘」的論壇，面對了關於她的善意或惡意的玩笑，她用自黑的方式四兩撥千斤地消化掉負面影響，很多網友紛紛表示：從此路人轉粉。楊冪儼然成了明星自黑逆襲成功的代表。

當初楊冪演唱〈愛的供養〉時，網友批評她唱歌難聽，而且罵聲不斷，有高級黑的網友站出來發聲：「你們不要黑楊冪了，我這條命都是她救回來的。我因為一場慘烈的車禍昏迷了三個月之久。有一天，護士打開收音機，裡面放著〈愛的供養〉，於是我爬起來把收音機給關了。」沒想到楊冪自己接過話：「每一天，都希望自己過得有意義，比如沒事做的時候就想唱唱歌，救救人什麼的。」楊冪用自黑完爆了他黑。

2017 年，楊冪在戲劇《三生三世十里桃花》中的新造型因髮際線太高而遭網友集體吐槽：這是要禿頭的節奏嗎？在出席該劇的發表會時，現場有記者向楊冪提問戲裡的造型問題，耿直的大冪冪直接回應稱：「你不就想問髮際線的問題嗎？」並大方回應道：「請好好珍惜一下現在還有頭髮的我，好好去看一下《三生三世》裡面美麗的我，可能看不了幾年了，好好珍惜吧。」這耿直的程度讓主持人也忍不住調侃稱：「很接地氣的冪冪。」

隨著楊冪的人氣飆升，漸漸開始湧現出越來越多藝人效仿。但惹人疼愛的自黑是需要拿捏分寸的，不是單憑一身勇

第六章　最高的 EQ 叫自有分寸
——掌握好說話火候，不讓人難堪

於拿自己開刀的莽撞勇氣便可一試。就像幽默是智慧的火花一樣，背後都需要強勁的心臟和轉動迅速的大腦來支撐的。

自黑既是一種境界，也是一種溝通方式，更是一門藝術。自黑得漂亮，對個人魅力而言絕對是加分項。女人臉皮薄，因此，大多數女人都不願意拿自己開玩笑。其實，那些真正自信的女人是不在乎這些的。恰到好處的自黑不僅不會貶低自己，而且還會漲粉，產生「黑到深處自然粉，粉到多時自然紅」的效果。

眾所周知，黃渤的長相並不帥，所以他也經常調侃自己這方面。「別人老找我來演小偷，沒辦法，長得已經渾然天成了。」「我其實是一個不太自信的人，就是真的不太敢對鏡頭說自己長得帥這件事。」想要顯示幽默調節氣氛時，自黑是一種很好的選擇。

不得不說，自黑絕對是一種具有強大自信心的表現，勇於自黑就不會再懼怕任何人對自己或惡意或善意的抹黑。當然，自黑本意也不是真的「黑」，而是在傳達一個態度。不過，自黑雖為取悅大眾，但也要有個度，不能一味地將自己往死裡黑。否則，你會被一黑到底，結果就變成了天然黑。

但這裡要特別注意：當別人自黑的時候，你千萬不要去附和。我說我自己沒水準沒氣質長得醜是謙虛是自黑，你說我沒水準沒氣質長得醜就是誹謗就是人身攻擊。

下篇　EQ 高，
　　　就是有分寸感、會說話，讓人交流舒服

　　所以，明眼人都能準確無誤地掌握別人自黑的潛臺詞——「快來反駁我啊」。當別人說自己胖啊、矮啊、醜啊等種種缺點的時候，身為一個有分寸感的聽眾的正確反應應該是倒吸一口冷氣，浮誇地瞪大眼睛，大聲質疑「哪有」、「完全不是這樣啦」……而不是順著對方的話黑下去。當然，如果對方說的是實話，那我們就誠懇地講出對方的優點，比如有才華、會說話等。

　　切記，一個人走上自黑之路，是為了讓我們無路可黑。如果你理解偏差，變成了「他講過的都是重點」，那就是你的不對了。

別再用「說話直」來掩蓋自己可憐的 EQ

　　我們周圍總有些人自詡為「直性子」，說話不經過大腦，想到什麼說什麼。說話直白並沒有錯，但是這裡有一個很重要的前提，就是要尊重別人，打著「心直口快」的幌子去無所顧忌地傷害別人，那叫自私。

　　週末和許久不見的朋友出去逛街，在 H&M 看到一件很漂亮的長裙，我一眼就看中了，拿下來準備去試衣間試試看。衣服剛拿到手，和朋友一起來的某個女生來一句：「我這個人說話直接，妳別介意啊。」

　　我心裡頓時咯噔一下，覺得會有讓我不爽的事情發生了。

　　還沒等我反應過來，那人就來了下一句：「這裙子適合個

第六章　最高的 EQ 叫自有分寸
——掌握好說話火候，不讓人難堪

子高比較瘦的女生，妳太矮了，還有點胖，一看就穿不上，不適合妳，不用試了。」

你們能想像當時我心裡的火焰是幾個顏色的嗎？我直接炸了，瞪了她一眼，靜靜拿著衣服走進試衣間，繼續試。出來之後，和朋友說說笑笑，這個女生的話一概不接。

朋友感覺到了氣氛的尷尬，趁著中午吃飯把我拉到廁所，跟我道歉，說：「她就那樣，說話比較直，不會修飾，妳別介意，其實人還是很好的，比那些說話拐彎抹角的人強多了。」

我冷笑一下說：「對不起，我和她不熟，我很介意。」

這位作家在其文章中提到的這個女生，簡直就是「直腸子」的典型代表。

「心中通透明白的人，能理智地對待這些忠言逆耳的話。但大多數的我們，沒有那麼堅強的心，這些帶刺的標榜著自己直爽的真誠話，我們聽不進去。」條條大路通羅馬，你為什麼非要選擇一條最讓對方不舒服的路去走呢？

說話是講究藝術的，你的「良言」一旦以一種錯誤的方式表達出來，甚至比「惡語」更讓人氣憤。這就好比是拿一坨屎塞人嘴裡告訴人屎是臭的，你說誰願意接受？

所以，當你表達一件事時，做到讓對方聽得舒服是一種禮貌。真性情是讓你說真話，不是讓你說難聽的話。你可以吐槽朋友胖，但你不能說她「肥得像頭豬」。調侃和侮辱是兩

下篇　EQ 高，
　　　就是有分寸感、會說話，讓人交流舒服

回事，幽默和白目是兩回事，直率和輕重不分是兩回事。

　　有些人說話前不考慮別人的感受，說完之後發現說錯話了就以「我說話直，你別介意」為藉口替自己開脫。試想一下，人家憑什麼不介意。你的「直爽」是讓你一吐為快了，但是為什麼別人感覺不爽就得忍著。人與人都是平等的，好好說話根本不是照顧誰的玻璃心的問題，難道對方是鋼鐵心就活該被你胡說八道一通嗎？

　　其實，哪有什麼「說話直」，分明就是 EQ 低嘛。說一些毫無建設意義的風涼話，不代表你就是一個真性情的人，它只說明你水準不高沒教養。我知道的直率的人，他們也懂得什麼該說，什麼不該說，或者什麼是婉轉地說。

　　所謂的「心直口快」都應該是建立在互相尊重的基礎上，而不是由著自己的性子、情緒想說什麼就說什麼。沒有尊重的直來直去不是直白，而是沒教養。

　　有些人看到這裡，也許會說，不就是會說好話嗎？這就是 EQ 高？拜託，沒人會不喜歡聽好話，就算那些說「我喜歡聽實話」的人，希望聽到的也是你措辭得體的實話，而不是一句號稱「直率」的又硬又臭的嗆人的話。

　　很多人說，不喜歡 EQ 高的人，覺得他們虛偽。可是我覺得，真正的 EQ 高，不是虛偽，而是溫暖。仔細想想身邊 EQ 高的人，他們能體察別人的需求，把別人放在心上；真心

第六章　最高的 EQ 叫自有分寸
　　　——掌握好說話火候,不讓人難堪

欣賞其他人,真心去發現萬事萬物的美好。他們懂得悲憫,懂得體諒,懂得換位思考,懂得照顧別人的情緒。

　　透過說話,懂得把對方放在心上,時刻考慮你說的話會不會給對方造成不必要的傷害,你的這份尊重雖然沒說出來,對方也會感覺到,因為你的話語裡有滿滿的溫暖。如果說,道德的本質,是心中有他人,EQ 高的本質也一樣,是心中有他人啊!

保護別人微小的開心,也是修養

　　仔細想想,你的生活中是否有這樣一類人,他們似乎很有主見,可以迅速對別人做的決定、購買的商品,甚至新處的對象做出評價——支持或者反對,讚美或者鄙夷,而通常情況下,他們得出的結論都是後者,給興高采烈的人當頭潑一盆冷水。因為他們好像天生就具有發現事情不完美一面的能力,似乎「壞處」才是他們關注的重點,而「好處」全部被自動忽略。這類人有一個共同的稱號就是「趣味殺手」。

　　一天,小美新買了一雙鞋子,室友阿華湊過來看,搖著頭說:「唉,這雙鞋子的顏色很適合妳,我穿就不行了,太顯老。款式和我的那雙一樣,不過我的是三年前買的,早就過時了。這種鞋子鞋底硬,一走腳就痛⋯⋯」

　　「不會吧?花了我兩千多塊呢。」小美懊惱地說。

下篇　EQ 高，
就是有分寸感、會說話，讓人交流舒服

「什麼？要兩千多？被當『冤大頭』宰了吧？」說完轉身出門了。

從看到小美新買回來的鞋子到發表完自己的評價，一共不到兩分鐘的時間，阿華快速地完成了對小美的這次購買行為的判定──白花了那麼多錢。

小美高漲的情緒瞬間就跌到了谷底。她逛了一天的街，進了不下十家店才終於相中這雙鞋子，哪知一回來就被阿華潑了一盆冷水，心情沮喪極了。

不久同寢室的悅悅回來了，看見小美有氣無力地躺在床上，地上放著一雙漂亮的高跟鞋，猜想可能是小美剛買的。悅悅走過去，拿起鞋子高興地對小美說：「小美，這是誰買的鞋子啊，好漂亮！」

「我買的，漂亮嗎？阿華說什麼顯老，還說我白花了冤枉錢。」

「哪會啊，我覺得這雙鞋子和妳那條素色的連身裙非常搭，不信妳穿穿看看。」

被悅悅這麼一說，小美也來了興致，從床上一骨碌爬起來，趕緊穿上那條長裙，再搭配上新買的鞋子。小美站在鏡子前看到鏡中身形高挑的自己，沮喪心情一掃而光，悅悅在一旁也是羨慕不已。小美很感謝悅悅的「安慰」，兩個人的感情更好了，倒是愛潑冷水的阿華漸漸被小美疏遠了。

客觀來看，小美已經把鞋子買回來了，哪怕真的不好看，穿著不舒服，也無法退貨了，這時候她需要的是安慰，

第六章　最高的 EQ 叫自有分寸
——掌握好說話火候，不讓人難堪

但阿華的這番話除了讓她心情更加低落之外，又有什麼用呢？反倒是悅悅，不僅真心地讚美鞋子漂亮，而且站在小美的角度幫她選衣服搭配鞋子，讓小美覺得鞋子「買對了」，這才是身為朋友該做的。

雖說生活中不管對什麼事、什麼人都說「好」會給人留下不真實或者「濫好人」的印象，但是不管遇到好事還是壞事總愛對人潑冷水的人更加惹人煩。

如果朋友正處在春風得意之時，你可以適當地潑點冷水（吐槽），讓朋友保持清醒，免得得意忘形惹來是非。但是，對於生活中瑣碎的小事，比如老同學請客吃飯或者某位朋友新店開張請你去參觀，那麼就該抱著感謝的心情，多多誇讚，而不要掃別人的興，嫌棄菜不好吃或者朋友店裡的裝修風格不合你意。

保護別人微小的開心，也是修養。對於別人的小幸福、小幸運，你大可不必自以為是地去告誡他「樂極生悲」，你的這種「告誡」只會毀掉一切趣味和美，讓對方的喜悅心情頃刻間化為烏有。跟人說話時少潑冷水，並不是說人人都是玻璃心，聽不起負面意見，只是誰都不願意讓自己的好意或者努力被隨隨便便地嘲笑。

下篇　EQ 高，
　　　就是有分寸感、會說話，讓人交流舒服

別讓你的安慰「雪上加霜」

生活中，我們都會遇到這樣的情況：家人失業了、好朋友失戀了、同學考砸了等，他們的內心非常痛苦。作為家人、朋友、同學，你非常想幫助他們，分擔他們的痛苦，就算行動上幫不了什麼忙，所謂「良言一句暖三冬」，言語上的安慰有時候也能讓他們心裡好受一些。

但問題是，你真的會安慰人嗎？在安慰朋友時，往往會遇到這樣的問題：我們確實能理解對方的心情，也懂對方的難過，但當我們想要表達對他們的安慰時，又不知道該說些什麼，該怎麼說。有時候，我們甚至會適得其反，反而讓對方覺得我們站著說話不腰疼。

以下的錯誤方式，你是不是也犯過呢？

一個閨蜜來跟你抱怨自己是「剩女」，嫁不出去。

◎ 低 EQ 安慰方式一

「我很同情妳，是啊，一個人要是生病了都沒人照顧。哎⋯⋯」再投以一個同情的眼神。

—— 同情？呵呵，妳過得是有多好啊，我需要的不是妳在這裡襯托我有多悽慘，不是在這裡雪上加霜！

第六章　最高的 EQ 叫自有分寸
──掌握好說話火候，不讓人難堪

◎ 低 EQ 安慰方式二

「不要抱怨了，抱怨是沒有用的，打起精神來，多參加相親活動吧……」

── 真冷漠，妳在埋怨我做得不對嗎？妳以為我不知道抱怨沒用嗎，妳以為我不想打起精神嗎！

◎ 低 EQ 安慰方式三

「對啊，妳說得我也怕怕的，要是到四十都嫁不出去，我覺得天都要塌了……」

── 好吧，看來需要我反過來安慰妳了！

那麼，高 EQ 的安慰方式是怎麼樣的呢？還是上面這個話題，如果你像下面這樣回覆，最終的安慰效果肯定會不一樣。

嫁人不是人生的終極目的，人生應該是多種多樣的：有些人遇到了合適的人，建立起美好的家庭；有些人遇到了合適的人，兩個人卻永遠在享受談戀愛的過程；還有些人沒遇到自己合適的人，一直在尋找；也有些人沒遇到自己合適的人，隨便找個人嫁掉。每個人都有自己的追求和需求，不能總是拿「剩女」這種可怕的名詞來恐嚇自己和他人；清楚自己的需求，不需要學習別人或者向別人交代，自己的人生跟自己交代清楚就好。

下篇　EQ 高，
就是有分寸感、會說話，讓人交流舒服

雖然你的話並沒有給朋友提供實質性的解決方法，但是你向對方傳遞了一種淡然於心、從容於表、優雅自在地生活的觀念，這樣就可以幫助對方以積極、樂觀的心態面對問題，面對生活。這不就達到安慰的目的了嗎？

一個夏日的傍晚，一位少婦投河自盡，被正在河中划船的船夫夫婦救起。船夫的妻子關切地問道：「妳年紀輕輕，為什麼要尋短見呢？」

少婦哭得很傷心，說：「我才結婚一年，丈夫就拋棄了我，活著還有什麼意思呢？」

「那我問問妳，妳一年以前是怎麼過的呢？」船夫妻子問道。

少婦回憶起自己一年前的美好時光，她眼前一亮：「那時我自由自在，無憂無慮，對生活充滿了希望。」

「那時妳有丈夫嗎？」船夫妻子又問。

「當然沒有啦。」少婦答道。

船夫妻子說：「那麼妳不過是被命運之船送回到一年前，現在妳又自由自在，無憂無慮了，為什麼還要尋短見呢？」

少婦想了想，說：「這倒是真的，我怎麼會和自己開了這麼大一個玩笑呢！」說完，她又重新充滿了希望。後來，少婦和船夫一家人成為了很好的朋友。

第六章　最高的 EQ 叫自有分寸
——掌握好說話火候，不讓人難堪

人在悲傷的時候，總會認為未來的生活毫無希望，從而對生活喪失興趣。故事中的船夫妻子讓少婦回憶過去的美好生活，讓她明白生活中還是有很多讓人快樂的事情，重新點燃了她對生活的希望之火，鼓勵她積極樂觀地面對婚姻的變故。

有時候，再多的言語也比不上實際的行動。在朋友失意時，表示願意為其做一些力所能及的事情，比起那些「別難過」、「別擔心」的話更能夠讓對方感受到你的關心，這也是一種很窩心的安慰方式。

總說這三個字，你活該招人煩

我們總是傾向於認為自己是對的，尤其是當與人意見相左的時候，很少人能夠愉快地認同別人的觀點。但是，我們真的一直是對的嗎？美國前總統西奧多‧羅斯福曾公開承認，他對自己判斷正確率的最高期望是 75%。如果連羅斯福總統的判斷正確率都只有 75%，那我們普通人又該當如何呢？

卡內基曾開玩笑地說：「如果你確定你的判斷準確率能達到 55%，你就可以到華爾街去日進斗金。如果你不能確定自己的判斷是否有 55% 是對的，那你憑什麼去指責別人『你錯了』？」況且，對方絕不會因為你指出了他的錯誤，就同意你的觀點──換了你，你也不會！因為你的做法無疑已經傷害

下篇　EQ高，
就是有分寸感、會說話，讓人交流舒服

了他的智力、判斷、榮譽和自尊，這個時候，就已經不是單純的是非對錯的問題了。

有一次，大衛請了一位室內裝潢師設計家中的窗簾，但是等設計完成之後，大衛才發現這個窗簾花費的費用實在大得有點驚人。

幾天之後，有一個朋友來大衛家玩，一眼就看到了大衛家裡的新窗簾，便隨口問了下價錢。當大衛把窗簾的價錢告訴那位朋友之後，朋友和剛收到帳單時的大衛一樣吃驚：「什麼？別嚇人！我想你是受騙了！」

他說的是實話，大衛本人也認同這一點，但是聽到這樣的論斷還是很不舒服。為了不讓自己顯得像個容易受騙的「冤大頭」，大衛開始為自己辯解，提出一分價錢一分貨、便宜無好貨等道理。當然，兩人爭得面紅耳赤也沒爭出結論來。

第二天，另一個朋友來訪，與第一個朋友不同的是，他對那些窗簾讚不絕口，還說自己要努力工作，爭取也能夠買得起這麼漂亮的窗簾。這個時候，大衛的態度卻和昨天截然不同了：「啊，老實說，這個窗簾我買貴了，真後悔沒先問好價錢，我似乎感覺我受騙了。」

當我們犯錯的時候，也許會私下承認。當然，假如別人的態度委婉一些，我們也會向他們承認自己的錯誤。但是，如果對方過於直接，讓你感到很難堪，這種情況下，是非對錯就要讓位於「尊嚴之爭」了。

第六章　最高的 EQ 叫自有分寸
——掌握好說話火候，不讓人難堪

由此我們得出結論，如果我們過於直率地指出別人的錯誤，再好的意見也不會被對方接受，甚至會受到很大的傷害。因為你剝奪了別人的自尊，也讓自己成為了討論中不受歡迎的人。

所以，千萬別對人說「你錯了」，更不要一開始就宣稱「我要證明給你看」。因為你這樣的做法無疑是在告訴別人：我比你聰明，而你是個一無所知的大笨蛋。在這種情況下，能夠避免一場衝突就已經很難得了，要想改變對方的觀點根本就無從談起。

確實，正氣凜然地說出「你錯了」是一件非常過癮的事情，而強忍著不糾正別人的錯誤也會讓人很憋屈。但是，如果連這點克制情緒的能力都沒有，那麼 EQ 和 SQ 又從何談起呢？畢竟，那只會弄巧成拙，憑空給自己添麻煩。

如果你想證明什麼，別讓任何人知道，而且應不著痕跡，很講究技巧地去做。正如詩人波普所說：「你在教人的時候，要好像若無其事一樣。事情要不知不覺地提出來，就好像被人遺忘一樣。」

所以，從現在開始，不要再說「你錯了」這三個字。即使你認為有些人真的錯了，你也應該這樣講：「啊，慢著，我有另一個想法，不知對不對。假如我錯了，希望你們糾正我。讓我們共同來看看這件事。」這一表述方法確實很奇妙，尤其是這句話傳達了這樣的資訊：「我可能不對，讓我們一起來

下篇　EQ 高，
　　　就是有分寸感、會說話，讓人交流舒服

尋找正確的答案吧。」沒有人會反對這樣的提議的。

不要和任何人發生衝突。當你想要糾正別人的錯誤時，你第一要做的是，千萬別說「你錯了」。別指責他們的錯誤，因為那只會惹他們動怒，把問題從「是非」引向「尊嚴」。如果非得與人發生對立，至少你得運用一點技巧。

話題卡住了，就要換話題

人本來就有自己的防備心，每個人要防備的方面又各不相同。在聊天的時候，有些話題，你以為沒什麼，對方可能就很敏感。特別是和女性朋友聊天，女人天生防備心強，再加上後天教育，恨不得人人自戴無形盔甲。所以，當你發現這個話題卡住了，不必抓住不放，尤其是像年齡、薪資這些隱私問題，你越是刨根問底，對方就會越不快。這個時候，最明智的做法就是，趕緊轉移話題，而不要不識趣地繼續說下去。

雖然你很希望把這個話題進行到底，問出一個結果，或是要告知對方某件事，但卡住了就是卡住了，別人的沉默和不悅已經接近臨界點，你不想惹人家爆發就趕緊轉移話題吧，暫且丟開就不會手忙腳亂，有機會再繞回來就可以了。

《康熙來了》有一期的來賓是著名女歌手孫燕姿。彼時孫燕姿剛發行了個人最新的專輯，距離上一張專輯已經四年了，她來到《康熙來了》就是為了宣傳新專輯。那個時候正值

第六章　最高的 EQ 叫自有分寸
——掌握好說話火候，不讓人難堪

她的荷蘭籍男友被曝光的時期，所以蔡康永和小 S 就一直想方設法地詢問她男朋友的情況。

孫燕姿為了保護自己的隱私，一直處於比較抵制、不正面回答的狀態。蔡康永見孫燕姿雖然面帶笑容，但是表現出實在不願意交談這個話題的樣子，於是就將話題轉移到了孫燕姿想聊的話題——她的新專輯上。孫燕姿興致勃勃地與主持人聊了很多關於新專輯的事，說到請張艾嘉出演 MV 後，蔡康永見孫燕姿心情很好，聊性大發，就機智地說：「我們這樣有聊夠多專輯了吧，那可以來聊別的。」

熟悉蔡康永的觀眾都知道，轉移話題調動對方談興，再把話題繞回來，是蔡康永訪問中非常喜歡使用的招數，而且往往都能重新打開對方的話匣子，讓對方興奮之餘走進他的圈套中，本來不願意說的話題也侃侃而談了。

所以，在談話當中，當某個話題引不起對方的興趣時，要有針對性地、有選擇地挑選新的話題，以激起對方的談興。例如：和運動員談心理與競技的關係，和外交人員談公共關係學，對方肯定會一拍即合，談興大發。

在運用這種技巧時，說話者首先要了解聽者的心理和情感。我們也只有在了解聽者的心理和情感的基礎上，才能知道某個場合該講什麼，不該講什麼，哪些話題能夠打動聽眾，能使聽眾產生共鳴。

值得注意的是，轉換話題以後，說話者還要注意在適當

> 下篇　EQ 高，
> 　　　就是有分寸感、會說話，讓人交流舒服

的時機及時將話題引入自己要表述的正題。因為換話題只是給談正題打下一個基礎，而非交談的真正目的。所以，當雙方對所換話題談興正濃，感情溝通到一定程度時，說話者就要適可而止，將話題轉入正題，這就能更好地繼續說完你想說的話題。

可是，就算機智如蔡康永這樣的說話高手，也有失誤的時候。2013 年「金馬獎」頒獎晚會上，黃渤在與蔡康永的互嗆鬥嘴中完勝，對「話題卡住了，就換話題，不要戀戰」這條說話之道做了經典示範。

當晚，頒獎嘉賓鄭裕玲與黃渤同臺頒獎，她首先拿黃渤的穿著造型開起了玩笑：「今天晚上你穿的是睡衣吧？因為我五年沒有來『金馬獎』了，所以我穿得特別得隆重。你看看臺下的劉德華、梁朝偉、成龍，他們穿得都很隆重的。」

原來，黃渤雖然穿得低調又不失貴族風範，但造型本身與大多數明星比起來，顯得居家了一些，鄭裕玲就正好藉此開涮。

黃渤輕鬆自然地說：「對對對，因為他們都是客人嘛，客人到別人家裡去，當然要穿得隆重一點兒。你已經五年沒來了，可這五年我一直在『金馬獎』，這裡已經像家一樣。回到家裡穿什麼？回到家裡一定要穿得舒服一點兒。」

好一個機智的回答，臺下響起了熱烈的掌聲，張曼玉、劉嘉玲等重量級人物都是佩服的表情。一場可能出現的尷尬

第六章　最高的 EQ 叫自有分寸
——掌握好說話火候，不讓人難堪

就這樣被黃渤幾句話化解了。

誰知，一場更大的話語「刁難」又緊接著向黃渤襲來。主持人蔡康永嗆他：「黃渤，這是我家不是你家。」

對於突如其來的這句略帶「敵意」的話，黃渤就搖晃身體賣萌，其實是尷尬的表現了，臺下的觀眾也有點尷尬地捂臉。只見黃渤笑著迅速轉移話題：「其實我剛才看到，你不是一個人在戰鬥，還有一匹馬跟你一起。這麼久了，只看到過人騎馬，沒看到過馬騎人。」全場爆笑鼓掌，連蔡康永本人都笑著鼓起了掌。

原來，蔡康永今晚別出心裁，上身穿了一件黑白相間的格子禮服，後面赫然「背著」一匹馬的造型，貼切地呼應了「金馬獎」。

是啊，多絕妙的應對，多精準的反擊。因為鄭裕玲是從著裝開始的話頭，黃渤用這個做終結也很合適啊。

黃渤就是一本 EQ 勝過顏值的教科書，智慧才是男人最高級的性感啊！套用一下蔡康永先生在書裡的結論就是，「如果對方拋給了你一個完全不想接的話題，不必著急抵抗，輕巧地把話題轉移到另一個更有趣的方向上來就行了。」

下次過年回家，遇上七大姑八大姨向你逼婚時，你不妨興致勃勃地向她講你老闆離婚的事。「阿姨，您知道他為什麼離婚嗎？他出軌，被當場逮到了。」接著，你阿姨就會開始跟你聊她身邊離婚的人，暫時忘記要逼你結婚了。

下篇　EQ 高，
　　　就是有分寸感、會說話，讓人交流舒服

吵架可以，但千萬別說這 10 句話

有人說，夫妻就像兩塊都有稜角的石頭，放到一個罐子裡，怎能不發生摩擦呢？夫妻和諧需要有個磨合過程，婚後難免會因瑣碎家務發生矛盾，吵架便是宣洩情緒的重要方式，感情再好的夫妻也會吵架。但我們要永遠記得，吵架並不是為了傷害對方。因為有愛，我們走到一起，只有好好說話，才能相扶到老。

一輩子沒吵過架的夫妻寥寥無幾。可以說，在某種程度上，吵架是夫妻生活的常態，不少人就是在吵吵鬧鬧中過了一輩子。夫妻吵架，許多人在氣頭上都說過過頭話，這些話可能不真心，只為逗一時嘴快。但確實有些語句，是夫妻吵架時不能輕易出口的，否則便會使婚姻陷入危機，與幸福相背而行。

姐妹們，拉著老公一起好好學習一下，成功繞開那些埋在兩人吵架過程中的「地雷」吧。

夫妻吵架時，女人最忌諱說的話語

◎ 妳再憤怒，也要忍住讓對方崩潰的那句話

夫妻吵架的時候口不擇言是很正常的，可是每每吵架就口不擇言地揭對方的傷疤，將對方的情緒逼到崩潰的邊緣，未免也太狠了，一吵架就來這套，正常人誰能受得了？況且

第六章　最高的 EQ 叫自有分寸
——掌握好說話火候，不讓人難堪

越是熟悉的人，越是知道對方的死穴，所以說出來的氣話不僅具有破壞性，還具有毀滅性。不要仗著妳熟悉對方，就肆無忌憚地刺激他、傷害他。

比如，見過一對年輕夫妻在大街上吵架，男的反駁了幾句，女的氣急敗壞：「你還有臉回嘴，不是上次你出軌被逮之後那副死乞白賴求我原諒的可憐樣了……」女的還在嚷嚷，男的已經憤然離開了。每個人都不喜歡別人觸及自己的憾事、缺點或者使自己難堪的事，這是人之常情。這個傷疤揭得太俐落了，真不知道這兩人以後還能不能相安無事地過下去。

「你真沒用」、「你真窩囊」、「你就這點出息」、「你還是不是男人」、「你家裡家裡不行，外頭外頭不行，你能幹什麼啊」……坦白講，女人在吵架時常說的這幾句話真的太傷自尊了，超級傷人。一旦說出類似的話，就是對男人的粉碎性打擊。女人，既然愛他，那就保護他的自尊吧。

◎ 不要說「你看看人家的老公」

有一句話說：「兒子都是自己的好，老公都是別人的好。」大多數女人可能多少都會有這樣的想法。尤其是在兩人吵架的過程中，「你看誰誰的老公又升遷了，年薪百萬」、「你看誰誰的老公多帥，長相甩你好幾條街」、「你看誰誰的老公送給她一個 30 萬元的包包」、「你看看誰誰的老公多體貼，每次聚

下篇　EQ 高，
　　　就是有分寸感、會說話，讓人交流舒服

會結束不管幾點都來接，等多久都不抱怨」⋯⋯女人隨口而出的這類話會讓男人又生氣又委屈。

「既然如此，妳幹嘛不去找他？」同樣在氣頭上的男人也會情緒激動，話趕話地這麼反駁。「老子都壓制了 100 次拿妳跟別的女人比的念頭，妳卻要拿我跟別的男人比。」很明顯，男人很討厭自己老婆拿他跟別的男人比較。

◎ 不要用責備的口吻否定對方

責備另一半的行為不當時，妳往往會指出自己認為的做這件事的正確方法。可能妳的方法確實更好，但事實上大多數時候只是因為這種方法更符合妳的主觀偏好而已。所以，千萬不要用責備的口氣否定對方的努力，而應表示對方做得很好，妳很感謝。

比如：當丈夫花了一上午時間最終還是沒有修好水管，而且弄得滿屋子臭味時，妳最好不要說「浪費了一個早上也沒修好，還不如找人來修」這樣的話，而應該以委婉的口氣表達自己的意見：「這個修起來確實很費力，你也累了，先吃飯吧。不行的話下午找人來修就是了。」

記住，千萬不要吝嗇對另一半的感謝和肯定之詞，這會令對方樂於繼續堅持下去。幸福的夫妻往往建立在彼此欣賞的基礎上，學會讚美，哪怕是日常生活中最細枝末節的舉手之勞，也不要忘記真誠地說聲「謝謝」。

第六章　最高的 EQ 叫自有分寸
—— 掌握好說話火候，不讓人難堪

◎ 不要說「早聽我的就沒這事了」

馬後砲最討人厭了。「早聽我的就沒這事了」、「我不是早說過了嗎」、「為什麼你總是不聽我說」、「不聽我的吃虧了吧」……愛說這類話的人往往是事後諸葛亮。請牢記，任何事情，做永遠比說來得可貴。早說了，沒有做，更顯 EQ 低；事情失敗了，再來提，則 EQ 為負。

有些錯誤已經犯下了，當事人也知道自己錯了，再去責怪他有什麼用呢，不僅無助於問題的解決，而且還會嚴重影響雙方的感情。

作為妻子，在表述妳的觀點時要冷靜。丹佛大學心理學教授霍華德·馬克曼（Howard Markman）博士認為，通常妻子對丈夫最大的抱怨是，對方完全不和自己溝通；而丈夫們最一致的看法卻是，說得太多會引起爭執。因此，他建議，如果妳想妳的丈夫不僅聽妳說，而且多多和妳交流，就要始終做到心平氣和。

◎ 不要翻舊帳，要朝著未來的問題來商量

兩口子一吵架，妻子就開始翻舊帳，什麼陳芝麻爛穀子的事情都要再翻出來提一嘴。「你每次都這樣……」、「你上次也是……」、「你沒有一次記住我的話……」、「我說過多少次……」結果，雙方很難就事論事。妻子總是要追溯到很久以前，而且自動遮罩對方做得好的地方，只記得不好的地

下篇　EQ高，就是有分寸感、會說話，讓人交流舒服

方。哪怕好幾年當中丈夫只做錯了兩次，在生氣的妻子嘴裡也是「每次」……這讓他們覺得特別委屈。

其實，在爭吵過程中一直挖過去的舊帳來算，只不過是在激起雙方的情緒而已，對於事情的解決一點幫助都沒有。如果丈夫識時務，賠個笑臉，可能就煙消雲散；但如果丈夫不示弱，妳翻我舊帳，我翻妳舊帳，互相翻得越來越甚，夫妻感情會受到很大傷害。

因此，在所謂舊帳問題上，無論男女都要秉承不主動提出舊帳的原則，但當問題暴露了，也不要藏著掖著，使矛盾激化，一定要主動溝通。妳可以說：「我們以後如果遇到類似今天的問題，我們要怎麼辦？」然後說出妳的處理辦法，再聽聽對方的處理辦法。這樣能幫助你們把爭論的重心從情緒的發洩轉移到問題的解決上。

如果夫妻在吵架的時候，能夠學會不翻舊帳，夫妻的關係就會簡單很多，就事論事，只講當前這件事情。如果妳把十幾二十幾年前的事情翻出來吵，就永遠會有吵不完的架。老是念念不忘舊事，怎能無所顧忌地奔向幸福？一天放不下，一天就沒有辦法開心地生活，所以，該忘記的還是忘了吧！可以說，不翻舊帳也是在釋放自己。

第六章　最高的 EQ 叫自有分寸
　　——掌握好說話火候，不讓人難堪

◎ 不要隨便拿「離婚」來恐嚇對方

「我當初真是瞎了眼才嫁給你，我要跟你離婚！」、「既然這樣，那就分手吧！」、「說得對，我正是要離開你！」類似這樣表達消極期待的威脅性的話往往很危險，不給進一步的交談留一點餘地。吵完架，轉身就走，會讓雞毛蒜皮也變得無法收場。

女人在氣頭說出的這句缺乏家庭責任感的話，可是會讓對方想入非非。施沃茲博士解釋說：「妳的丈夫可能會對妳說『再見』，或者譏諷妳不過是做做樣子，而這兩種結果都是對妳的一種羞辱。」男人真的很反感女人說這樣的話。因為拿分手去綁架對方，會顯得妳對感情很不重視。即便是和好如初了，理智的男人，也會說服自己減少對妳的愛，因為它不夠有保障。

所以，無論吵架吵得多麼凶，即使妳再憤怒，也一定要時時刻刻記著：對方是自己最愛的人，千萬不能衝動地說出「分手」二字，畢竟妳並不真的想要離開。就算妳是真的想離開，怒氣沖天一走了之，你們的關係也不會就此結束，尤其還要牽涉到孩子的問題。最理智的做法是，尋求能就此進行交流的途徑。在這種情況下，只要夫妻間的關係還沒有破裂，說出真實的感受有助於接觸到問題的根本。

不過，對於大多數婚姻而言，如果一方動不動就用離開來威脅，那麼隨著時間的推移，這句「我要離開你」的話很可

下篇　EQ 高，
　　　就是有分寸感、會說話，讓人交流舒服

能會在將來的某一天變成現實。葛特曼解釋說：「這就有點像自殺，總是威脅對方要離婚的人，會將自己未來的道路一點點地逼進絕境。」當妳氣急敗壞、無法控制自己的情緒的時候，妳也只能這麼說：「那給我一種想要離開你的感覺。」

夫妻吵架時，男人最忌諱說的話語

◎ 「妳要是這麼想，那我也沒辦法」

當男人不想積極溝通或缺乏溝通的興趣時，就會甩出這句話。這是一句客觀來說殺傷力很強，表現出一種我無力與對方爭辯的態度，而正是這種幾近放棄和無所謂的態度才有著令人秒炸的殺傷力。很多女人明確表示，寧願吵架，也不要這樣的冷暴力。

大家都是成年人，難道不能好好說話、平和溝通嗎？換成「我真的不是這麼想的，是不是我哪裡說錯了，讓妳誤會了」不行嗎？

類似的話還有：「信不信隨妳」、「是妳說的，我可沒說過」、「我懶得和妳爭」、「算我的錯，行了吧」……要表達的都是同一個意思：我拒絕溝通。

◎ 「妳不就是嫌我窮嗎」

女人一旦對男人不滿意，或者發兩句牢騷，男人最愛說的就是這句話。因為只要這麼一說，對方就是拜金，對方就

第六章　最高的 EQ 叫自有分寸
——掌握好說話火候，不讓人難堪

是壞人，自己瞬間就成了受害者。

同事的閨蜜跟前男友分手，前男友大翻臉，說：「妳不就是嫌我窮嗎？」

她真的怒了，說：「你以為你就只有窮一個缺點嗎？你小氣，你直男，你要求我以後不管生幾胎，一定要生到兒子為止……醒醒好嗎，窮只是你浩瀚缺點中的一個！」

真的，男人別總把自己的問題推給窮，你往往會發現，你不僅窮，你還醜、還懶、還髒、還不求上進呢！一個傷感情的事實是，比錢你拿不出手，比別的你更拿不出手。女人不跟你不是因為你沒錢，而是因為你要什麼沒什麼還沒錢！

◎「妳又怎麼了」

作為女人，最寒心的莫過於男人曾經那句關切的「妳怎麼了」變成了如今不耐煩的「妳又怎麼了」。好像對方每天都在找他麻煩一樣。為什麼要說「又」？語氣滿滿的都是不耐煩，一定要這麼充滿嫌棄嗎？她生氣必然有她的理由啊，認真聽一下，多付出一點耐心會死啊！

◎「女生就應該／不應該……」

「這是直男癌患者最常用的句式，」一位作家說，「女生就應該穿裙子、留長髮、做家事、帶孩子……誰規定的？我要做什麼，只有一個原則，因為我想，我喜歡，而不是因為我是女人。不要用性別來規定我要做什麼，這樣真的很封建社會。」

下篇 EQ 高，
就是有分寸感、會說話，讓人交流舒服

所以，不管是女人還是男人，若想好好過，那麼吵架時無論怎樣生氣，都不能頭腦發熱，信口開河，輕易說出以上這些傷人的狠話，一旦說了，你的婚姻便凶多吉少了。何況人都有慣性，一旦在氣頭上說過一次，之後很容易會成為吵架時的口頭禪，不可能不傷感情。

最後奉勸所有的朋友，夫妻之間盡量有話好好說，不要動不動就吵架，贏了道理輸了感情誰也輸不起，所以，無論發生任何矛盾都要保持一顆寬容之心，彼此能夠相互讓步，因為讓步給自己的愛人又有什麼不可以的呢？事後一聲道歉或是一個微笑，便能使夫妻關係陰轉晴，前嫌盡棄。請記住，寬容使女人更可愛，寬容使男人更有魅力。

如何優雅地拒絕他人的表白？

每個人都有愛與被愛的權利。如果對方請人轉告或是暗示希望與你建立戀愛關係，而你的心裡對此人並不滿意，那麼該怎麼辦呢？很簡單，這種情況下千萬不要礙於對方的面子，或者因為怕傷害彼此的友誼而使得自己的態度含糊不清、曖昧不明，一定要用委婉的語言明確地拒絕對方。雖然被拒絕會讓對方難過一時，但是坦白你的拒絕之意比遮遮掩掩、猶豫不決更能顯示你的誠意，這也是對對方的一種尊重。

第六章　最高的 EQ 叫自有分寸
── 掌握好說話火候，不讓人難堪

　　不過，這裡有一個很重要的前提是，語言表達上一定不要傷害對方的自尊心。尤其是對身邊關係好的同事或同學，拒絕時更應該注意表達方式。如若你當時不加考慮直截了當地說「不」，那麼事後你定會後悔不應該在拒絕愛情的時候也丟了友情。

　　有一位漂亮的女孩突然收到一封情書，一看，是公司裡很不起眼的小夏寫的，「癩蛤蟆想吃天鵝肉」，一氣之下她把情書貼到了餐廳的入口處。結果可想而知，小夏在公司裡顏面掃地。四年後，曾被羞得無地自容的小夏終於找到了稱心的伴侶，而漂亮女孩還是孤零零一個人，因為原來想追求她的人都被她的舉動嚇跑了。

　　別人向你求愛，他沒有錯；你拒絕他的愛，你也沒錯。最關鍵的是怎樣拒絕，如果拒絕得恰到好處，對雙方都是一種解脫；如果你不講方式，不但傷害他人，說不定也會傷害自己。

　　某醫院的護理師小劉長得清秀水靈，大家都很喜歡她。一天下班，平時工作中一直很關心小劉的鄭醫生鄭重地對她說：「小劉，一起去吃飯好嗎？我有很重要的話想跟妳說。」

　　小劉一聽，心裡便明白了「重要」的含義。於是她笑著說：「好哇！我正好想請你幫個忙。」

　　鄭醫生一聽高興極了，開心地回道：「只要是能幫妳的忙，我一定竭盡所能。」

下篇　EQ 高，
就是有分寸感、會說話，讓人交流舒服

小劉又笑了：「可沒那麼嚴重。只不過是我男朋友臉上長了幾顆痘痘，我想問你用什麼藥比較好？」

拒絕得不顯山不露水，這就是一種優雅的拒絕方式。這樣大家都不傷面子，「愛」字與「不」字都沒有從口裡說出，只不過心照不宣罷了，日後見面，彼此同事還是同事，朋友還是朋友，並不會在心裡設定障礙。

很多人遇到不喜歡的人的示愛都不知該怎樣拒絕，因為一方面拒絕的語言要恰當、委婉，既要把自己的意思表達清楚，讓對方沒有心存幻想的餘地；另一方面又不能太不近人情，即使沒有愛情但希望友情還在。那麼，到底該如何說呢？掌握以下幾個技巧就可以幫你很好地解決這個問題：

- 若已有意中人，又遇到求愛者，那麼就直接明確地告訴對方，你已心有所屬，請他另擇佳偶。但切忌向求愛者炫耀自己戀人的優點，以免傷害對方的自尊心。
- 如果是還在讀的大學生，對於來自不是你喜歡的人的告白，你務必要做到把他的念想扼殺在萌芽狀態。你可以告訴對方目前只想好好念書，為將來找好工作做準備，暫時不考慮個人戀愛問題，那麼對方也就明白你的意思了。
- 對於已經工作的人，如果公司裡有同事追求你而你並不喜歡他，那麼為了不影響你們今後在工作上的合作，你

第六章　最高的 EQ 叫自有分寸
——掌握好說話火候，不讓人難堪

可以選擇這樣的婉拒方式：「對不起，我不想談辦公室戀愛，這會讓人感到二十四小時都沒有了自己的空間。」

當一個人愛上另一個人，在他（她）的心目中肯定不想只是做朋友那麼簡單，所以如果你確定自己不願意，那麼在這個關係定位上就要非常清晰。當跟這個暗戀自己的人見面時，要明確以「朋友」的態度對待對方，絕不可令對方有任何遐想，但說話也不可太直接，以免傷害對方的自尊心。

下篇　EQ 高，
　　　就是有分寸感、會說話，讓人交流舒服

第七章　EQ 高就是會說話 ——
說話讓別人舒服的程度，
決定你成功的高度

誰也不想聽到命令式的語言

　　有些人習慣用「指導性語言」去教導、指正別人。他們不管自己懂不懂，也不管自己做得好不好，就習慣指導別人該怎麼做。雖然，有時「善意的指導」確實對別人有益，但動不動就以這種態度來指正對方，常會引來別人的反感。

　　有位中學老師離職後，轉任保險公司業務員。由於當過老師，她在與同事、客戶說話時，常不自覺地說：「我這樣講，你懂不懂？」或「你能明白我的意思嗎？」後來，有個男同事對她說：「我們是妳的同事，不是妳的學生，拜託妳講話時，不要一直問我們『懂不懂』好不好？好像我們都很笨的樣子！」

　　可見，「指導性語言」若用得不恰當，或用得太多，就會變成「批評」，甚至是「找碴」。因為指導性語言通常帶有「上對下」的教訓口吻，有違平等交流的原則，會讓對方感到不快。不管是名流顯貴還是平民百姓，作為交談的雙方，他們都應該是平等的。

第七章　EQ 高就是會說話
—— 說話讓別人舒服的程度，決定你成功的高度

例如：相比起「讓我做」這句話，我們大概更喜歡聽到「請給我一個機會」。初次見面時，因彼此都不了解，就有必要保持節制有禮的態度。「讓我做」聽起來有些盛氣凌人的意思，這是我們所不喜歡的；而「請給我一個機會」就比較婉轉，會讓別人感到很舒服。

網路上曾看過一篇文章〈真正 EQ 高的女人，都自帶這個屬性〉，裡面提到的顧經理和丈夫的互動模式，覺得非常有趣。

一般女人想要男人做一件事情，可能會這樣說：「帶消夜給我吃，如果你順路的話；週末陪我去逛街吧，如果你有事就算了。」

她們覺得不好意思，總喜歡在自己的話後面加上字尾，營造出一種是男人主動的姿態。而一般的男人想事情簡單，而且都怕麻煩，會這樣想：消夜妳可吃可不吃，街妳可逛可不逛，剛好我今天不順路或週末有事，那就用妳給的藉口，不順路也沒有空。

女人含糊不清的語氣讓他們不知道女人的潛臺詞就是非常渴望男人去做這件事，然後他們愉快地忙別的事情去了，而女人此時卻氣得半死。

而顧經理的方式則與眾不同，她會這樣說：「親愛的，回家記得去某某店買鴨脖，你買回來的鴨脖味道特別正宗；老公，我們週末一起去逛街吧，每次你幫我挑的衣服都很適合我。」

209

下篇　EQ 高，
　　　就是有分寸感、會說話，讓人交流舒服

　　她就是很坦白地直接說出來，然後透過讚揚或撒嬌把自己的姿態放低，最終達成自己的目的，大部分的男人就是愛吃這一套。

　　所以，提醒天下所有女人：一定要懂得運用自己天然的優勢，不要去硬碰硬，不要覺得他應該怎麼樣。請記住，一個男人即便再愛妳再包容妳，也絕對受不了妳動不動就凶他，受不了妳每次都是高高在上、咄咄逼人的高姿態。

　　維多利亞女王很晚才結束工作，當她走回臥房門前時，發現房門緊閉，於是她抬手敲門。臥房內，她的丈夫阿爾伯特親王問：「是誰？」

　　「快開門吧，除了維多利亞女王還能是誰。」她沒好氣地回答。

　　沒有反應。

　　她接著又敲，阿爾伯特親王又問：「請再說一遍，妳到底是誰？」

　　「維多利亞！」她依然高傲地回答。

　　還是沒動靜。

　　她停了片刻，再次輕輕敲門。「誰呀？」阿爾伯特親王又問。

　　這次維多利亞輕聲應答：「我是你的妻子，幫我開門好嗎，阿爾伯特？」

　　門開了。

第七章　EQ 高就是會說話
——說話讓別人舒服的程度，決定你成功的高度

　　從這個故事中，我們可以看出，放低姿態所達到的效果。想想你通常都說了些什麼，是怎樣說的。你是否總是自覺或不自覺地用一些命令式的語言對別人說話？有沒有人曾叫你說話聲音放小點？請一定要多多注意自己的說話方式，它是你的整體形象中的一個重要組成部分。

一字之差顯 EQ

　　人的心理是很奇妙的，說話時，「我」和「我們」一字之差，給人的感覺就完全不同。比如：我們在聽演講時，演講者說「我認為⋯⋯」帶給我們的感受，將遠不如他採用「我們⋯⋯」的說法。前者只會讓人感覺是你在自我表演，而後者就會有效縮短與他人之間的心理距離，更容易讓人有參與感，產生團結意識，這在心理學上被稱為「捲入效應」。試想，把對方納入同一個戰壕，他當然會傾向於支持你！

　　小孩在玩耍時，經常會說「這是我的玩具」或「我要去遊樂園玩」等等，這是自我意識強烈的表現。在小孩子沒有雜念的單純世界裡，這麼講或許無關緊要，但在複雜、敏感、講究的成人世界裡，如果仍然滿口不斷的「我」，就會給人突出自我、標榜自我的壞印象，人際關係也會因此受到影響。

　　《富比士》雜誌上一篇名為〈良好人際關係的一劑藥方〉的文章中，總結出與人交際時最不重要的一個字，就是

下篇　EQ 高，
　　　就是有分寸感、會說話，讓人交流舒服

「我」。正如福特二世在描述令人討厭的行為時說：「一個滿嘴是『我』的人，一個隨時隨地『我』的人，一個獨占『我』字的人，一定是個不受歡迎的人。」

在與人聊天時，他們總是對自己的工作、生活、經歷、想法等表現出濃厚的興趣，「我」在他們的談話中永遠是用得最多的一個字，「我覺得……」、「我建議……」、「我買了……」等等，絲毫不顧及他人的感受。他們總以為這種方式能最大程度地讓別人了解自己，獲得朋友，殊不知他們已經犯了說話的大忌──蔡康永先生曾經說過：「與人聊天時，每個人都想聊自己。」

所以，會說話的高 EQ 者，在與人說話時，總是會有意識地避開那個容易給人產生「大獨裁者」印象的「我」字，而更多地使用「我們」來製造彼此間的共同意識。

有位心理學專家曾經做過一項有趣的實驗。他讓同一個人分別扮演專制型、放任型與民主型三種不同角色的領導者，而後調查其他人對這三類領導者的觀感。

結果發現，採用民主型方式的領導者，他們的團結意識最為強烈。同時研究結果也指出，這些人當中使用「我們」這個詞的次數也最多。

說「我」跟「我們」的差別，其實就是讓聽者心裡高興與否。說「我們」，讓人聽得舒坦，心裡高興，更樂意接受觀點

第七章　EQ 高就是會說話
——說話讓別人舒服的程度，決定你成功的高度

或選擇合作，對自己有益無害；說「我」，聽者心裡不高興，對自己也沒什麼好處。既然這樣，聰明人就應該多說「我們」，少說「我」。

在一些表彰大會上，經常可以聽到這樣的發言：「我沒有做什麼，同事們和我一起奮戰在工作職位的第一線，尤其是主管，經常親臨現場檢查工作並提出諸多寶貴性的指導意見，為我們做出了榜樣。我們每一個人都在努力，功勞是大家的。所以，今天大家給我的榮譽，不能簡單地歸於某一個人，這是**屬於我們大家的榮譽**。」

其實，這些話多半言不由衷，但是把「我」說成「我們」，既讓同事們聽著舒服：「這人夠真誠，懂得有福大家享」，在團隊中樹立了威信；又沒有搶了主管的風頭：「這小子，還算有點良心」，得到主管的賞識，離晉升、加薪還遠嗎？

那麼，是不是不能說「我」呢？當然不是，只要掌握一定的運用分寸和使用技巧即可。當不可避免地要講到「我」時，你要做到語氣平淡，既不把「我」讀成重音，也不把語音拖長。同時，目光不要逼人，表情不要眉飛色舞，神態不要得意揚揚，你應把表述的重點放在對事件的客觀敘述上，而不是突出做事的「我」，以免使聽的人覺得你自認為高人一等，覺得你在吹噓自己。

下篇　EQ 高，
　　　就是有分寸感、會說話，讓人交流舒服

關於說話當中細微之處顯 EQ 的例子還有很多,：

◆ 說「謝謝」的時候，在「謝謝」後面加上「你」或者對方的名字，會比單說「謝謝」更能讓對方感受到你的誠意和友善。因為「謝謝」是泛指，而「謝謝你」是特指。

◆ 請人幫忙時在句子末尾加上「好嗎」兩個字，那種略顯強硬的命令語氣立刻就變成了委婉得多的商量語氣，對方會覺得更被尊重；尤其是對待世俗意義上比自己地位低的人，在交代對方做某事時，加上「可以嗎」、「你方便嗎」、「好嗎」，會顯得你更有教養哦！

◆ 跟剛認識的人約見面，比起問「明天在哪裡見面啊」，「明天我們在哪裡見面啊」，只是一個細節的改動，就顯得更親切了。

……

只是多了一兩個字，或者換了一種說話方式，就能迅速拉近你和對方的關係，促進彼此之間的感情交流，讓對方願意聽你說話。這就是一個說話讓人舒服的高 EQ 者的說話之道。

稱呼錯了，後面的話再精采也說不出口

說話辦事，首先涉及的問題就是如何稱呼別人。有禮貌地稱呼別人，是說話辦事順利進行的第一步。如果稱呼不當，輕則造成尷尬，重則引起別人的反感和憤怒，導致交流

第七章　EQ 高就是會說話
—— 說話讓別人舒服的程度，決定你成功的高度

不暢甚至中斷。懂得恰當稱呼別人的人才會讓人喜歡，說話辦事也會更加順利。

王女士平時很注意美容保養，可是畢竟歲月不饒人，這兩年臉上的皺紋越來越多，還長了不少老年斑。為此，王女士時常對著鏡子發愁，哀嘆自己青春不再。

一天，王女士去菜市場買菜，一個年輕女孩熱情地招呼道：「阿姨，我們家的菜可新鮮了，看看您需要點什麼？」沒想到王女士的臉色突然就變了，沒搭理對方直接走了。這位女孩感到很納悶，不明白是怎麼回事。旁邊的人悄悄對女孩說：「她不喜歡別人叫她『阿姨』，妳叫她『大姐』，她就對妳熱情了。」

原來，這位王女士最怕的就是別人提到她的年紀，雖然年紀大了，卻不喜歡別人叫她「阿姨」。賣菜的女孩不小心觸到了她的痛處，她家的菜自然推銷不出去。

可見，恰當地稱呼別人也是一門藝術。會說話的高 EQ 者在稱呼別人時總是謹慎小心，會綜合考慮對方的年齡、身分等多種因素，這樣說話辦事才不至於遭到拒絕。要做到恰當地稱呼別人，主要需要注意以下幾個方面：

◎ 參考對方的年齡

一般場合下，人們都會依據年齡來稱呼別人，這是最常用也是最方便的辦法，通常情況下不會出錯。但是，俗話說，「誇人減齡，遇貨添錢」。即：和別人聊天時，在不知道

下篇　EQ 高，
　　　就是有分寸感、會說話，讓人交流舒服

對方年齡的情況下，要將對方的真實年齡往年輕處說少三五歲；在看見別人買了東西時，要盡量把東西往價高處說，明明值一千元的說成一千五百元，這樣一來，既肯定了對方的購物眼光，也稱讚了對方購買時少花了冤枉錢。實際上，這就是一種處世方式。

許多人都不喜歡別人把他往年長了稱呼，尤其是女性，對年齡非常敏感，能叫「大姐」的就別叫「阿姨」，能叫「阿姨」的就別叫「奶奶」。

◎ 參考彼此的關係遠近

人與人之間的關係有遠有近，在稱呼的時候也應有所區別。明明是普通朋友卻用非常親暱的稱呼，難免讓人誤會，認為你故意套近乎；相反，如果是比較親近的關係卻用了非常客套的語言來稱呼，就會讓人感覺十分見外。朋友之間，恰當地使用一些有趣的暱稱將有助於增進感情。有的暱稱則不是所有人都能用的，只有家人或其他關係密切的人才能用，這種特定的暱稱也是表達親密關係的一種方式。

◎ 參考對方的身分職業

不同身分、職業的人有不同的語言習慣，在稱呼別人時要注意符合對方的習慣，這樣才有助於溝通。例如：在鄉下遇到老爺爺，如果文雅地稱呼對方「老先生」，恐怕沒有人會知道你在叫他；而如果對有身分地位的年長男士稱呼「大

叔」、「大哥」,恐怕他也不會願意跟你說話,應該配合其職業稱呼「老師」、「師傅」、「老闆」等。

◎ 參考當地的語言習慣

不同地區對於相同對象的稱呼可能不同,如果不加留意,很可能就會鬧出笑話。例如:在臺灣把兒子的老婆稱為「媳婦」;而中國有些地方則稱為「兒媳婦」,「媳婦」則專指自己的老婆,一字之差就意味著不同的家庭關係。再如:中國人經常把配偶稱為「愛人」;在臺灣人的眼裡,「愛人」則指未婚的情人。

想要獲得好人緣,在說話辦事時就一定要注意恰當地稱呼別人,這樣才能樹立一個有禮、嘴甜的好形象,贏得別人的好感,使得交流能夠順利進行。

你說話的方式毀了你的優勢

不管是生活中還是工作中,有的時候你知道是對方做錯了,你當然可以指出他的錯誤,但是話如何說才能避免引發一場口舌之戰,就要看一個人的說話水準了。如果是因為沒有講究方式而造成跟朋友、上下級、家人關係的緊張,就要考慮自我調整。

一次活動上,他坐在我旁邊,是一間文創企業的老闆,設計師出身,帶了一個年輕女員工。準備吃飯的時候,大家

下篇　EQ 高，
就是有分寸感、會說話，讓人交流舒服

交流創業心得，女孩開始低頭玩手機。「妳就不能不玩手機嗎？」他忽然說，聲音大到我們都聽到。「怎麼了，菜不是還沒來嗎？」女孩臉一紅，顯然面子掛不住。「要是再玩手機妳就出去！」他更生氣了。後來女孩跟我一起去洗手間，說她拿了年終獎金就辭職。「不伺候他了，爛人！」

她的老闆是不是爛人？我看未必。與工作夥伴、客戶一起吃飯，低頭玩手機顯然很不恰當，也不專業，但是老闆也確實沒必要因此在飯桌上當著大家的面指責。要知道，當我們指出一個人的錯誤時，絕不是為了讓對方無地自容，而是想讓其有所改進。因為老闆採用了不恰當的說話方式，不僅導致自己失去了一個員工，更使這個女員工因為反感老闆的情緒失控而失去了反思自己的機會。

其實，老闆的本意是好的，只是用錯了溝通方式。如果他能換一種方式，委婉地提醒那個女員工注意場合，比如發微信告訴她跟客戶吃飯時低頭玩手機不禮貌，認真傾聽他人談話，可以學到很多知識，那麼不僅會使女員工明白自己的錯誤，還會因為老闆照顧她的面子而備受感動。

將心比心，以真摯的感情、柔軟的表達，換來的必然是理解和體諒。做人沒必要像炸藥似的一點就著，看到別人犯一點錯就橫加指責，這種做法不僅會傷了對方的自尊心，還會留給他人脾氣暴躁的印象，讓自己失去威信與優勢。

一個人會說話，展現他的 EQ、智慧和歷練。跟這樣的人

第七章　EQ高就是會說話
—— 說話讓別人舒服的程度，決定你成功的高度

相處，才不會經常因為情緒反彈而做出錯誤的判斷。作為上司，他會說話，他說的話你才能聽進去，你在他手下做事，才能更快地學到東西。

想想那些特別討厭的人，你會發現，只是他們說話的方式特別讓人討厭，而不一定真做了什麼壞事。所以，要想有好人緣，就需要幫你的好心好意穿一層和氣的「外衣」，很多時候，低聲細語，彬彬有禮，反而會取得事半功倍的效果。

一天中午，我們大樓的幾個小孩不睡覺在樓前的小廣場上玩遊戲，十分吵鬧。一樓的住戶非常氣憤，出去理論，結果他們吵得不可開交。二樓住著一位退休老爺爺，大中午被吵得無法休息，老爺爺下了樓。只見他輕聲細語地跟那群小孩商量道：「我老婆晚上睡眠不太好，中午想睡會午覺，你們小聲點可以嗎？謝謝了。」結果，幾個叛逆的小孩不好意思地吐吐舌頭，跑出去玩了。

其實，不是小朋友們吃軟不吃硬，導致他們前後做出不同反應的原因是兩位大人的說話方式。一樓住戶惡聲惡氣的指責引發了小孩子的反抗心理，所以即使是他們不對，但還是會故意跟指責他們的人唱反調。而二樓老爺爺和藹的口氣讓小朋友們感受到了被「尊重」，因此儘管是同樣的要求，但小朋友們卻欣然接受了。

很多時候，占了理的人，因為說話的方式別人接受不了，而引發了無謂的爭吵或成了過錯方。這種情況在婚姻裡

下篇　EQ高，
就是有分寸感、會說話，讓人交流舒服

很常見。比如：結婚紀念日，丈夫忘了買禮物回家，妻子最常見的反應就是：結婚紀念日你都忘？嫁給你這種男人真是瞎了眼。而原本十分內疚的丈夫，瞬間化內疚為憤怒：娶妳才是瞎了眼呢，嘴巴像刀子，記性又差，明明上個月才買了項鍊給妳。雙方就此陷入了互相指責的惡性循環。

所以，有時候，得理不饒人反倒會讓自己陷入被動，因為失誤的一方會產生這種心理：看你什麼態度？就衝你這態度，我這樣對你也沒錯。要知道，指出對方的錯誤是為了大家更好地相處，共同成長。如果你能在說話這件事情上尊重他人，那麼你的生活也必定會被尊重。

美國心理學家羅蘭‧米勒在《親密關係》一書中介紹了一種夫妻間有效溝通的表述方法——第一人稱表述。即我們在表露情感時應該更多地使用「我」作為一句話的開頭，這樣比較容易使對方將重點放在你當下的感受上，會更容易理解你的感覺，而更可能啟動反思模式，對你進行安慰或者道歉。如果用第二人稱「你」來表述的話，通常具有攻擊性，對方更多感受到的是你在指責和抱怨，無法使對方對你的感受有任何的感同身受，相反很可能會激怒對方，而使情感溝通陷入相互指責和攻擊的惡性循環。比如：我們應該說「現在我感到很受傷」，而不是「你怎麼可以這樣傷害我」。

任何關係，一旦進入互相指責的惡性循環，大家就會放棄溝通，只爭輸贏。所以，請記住，當我們身邊出現了他

第七章　EQ高就是會說話
—— 說話讓別人舒服的程度，決定你成功的高度

人，是為了彼此取暖，過得更好，而不是顯得你比他高明，無論你們的關係，是朋友、上下級還是伴侶。

如何躲過那些「必須」回答的問題

當他人提出一個你完全不想接的話題，但無法迴避，又不好做出正面解答時，無須急著抵抗，不妨順水推舟接過他的話往其他方面引申，給予間接回答。接話引申需要說話者具備豐富的想像力和超棒的口才，使間接回答的話語出乎對方的意料。可以說，接話引申法是應付敏感問題的一種行之有效的方法 —— 既回應了對方的問題，又顯示出了自己的氣度和心胸。

請看「臺灣第一美女」林志玲是如何妙用接話引申法的吧。

林志玲能穩坐臺灣美女的頭把交椅多年，與其高EQ密不可分。可能很多女生不太喜歡林志玲，因為她擁有天下女人所羨慕的美貌、甜蜜的娃娃音以及超好的異性人緣，實在是想不讓人嫉妒都難。但是，就算擁有這麼多優勢，林志玲為人依然很謙虛、不做作。在她參加的某真人秀節目裡，她的表現幾乎無負評。她錄節目不擺架子、不扭捏，不會因為錄製環境差就向節目組抱怨，反而會去主動幫助別人。她參加發表會會穿平底鞋，以配合其他女星的身高；別人跟她握手，她會主動屈膝跟對方盡量保持平視……

下篇　EQ 高，
　　　就是有分寸感、會說話，讓人交流舒服

　　2014 年 7 月，林志玲在中國黑龍江哈爾濱出席活動時，現場有記者屢屢追問她的感情歸屬問題：「即將邁入 40 歲的門檻了，『女神』為何還沒找到『白馬王子』？網友都說妳是『黃金剩鬥士』，對此妳怎麼看？」這個問題本來會弄得林志玲一臉尷尬和羞澀，但是沒想到，她隨即莞爾一笑，「解讀」道：「不錯啊，『黃金』很好嘛，意味著我還在黃金時期，希望在黃金時期有一段黃金愛情。『鬥士』我理解為自己仍擁有對生命和夢想的追求。我也不是『女神』，其實就是一般的女孩子。可是大家給我這個封號，我會更有使命感去做好許多事情。」一席話博得眾人一片笑聲和掌聲。

　　當年林志玲面對中國記者「大齡剩女」的戲謔和調侃，心裡肯定有些不爽，但她仍舊以淡定從容的姿態，運用引申法機智應對。對於「黃金剩鬥士」的稱號，她不僅樂意笑納，而且賦予了全新的含義，讓對方不得不拍手叫好。這種間接岔題作答，不但能恰到好處地制止刁難，回擊對方的挑釁，而且還使答話的語言充滿情趣和魅力。

　　大家都說志玲姐姐美，但是，我想說，美麗是林志玲最不起眼的一個優點，高 EQ、會說話才是她最大的亮點啊！

　　曾經有個記者問林志玲：「孫紅雷以前說過，不會和妳這樣的花瓶演戲，現在卻還是和妳合作了，有什麼感想？」志玲姐姐馬上回答：「我只會相信紅雷大哥親口對我說的，我沒聽說過的，我不會相信。再說，如果雷哥真的有說過這樣的話，他現在與我合作，不就是最好的證明嗎？說明我的努力

第七章　EQ 高就是會說話
——說話讓別人舒服的程度，決定你成功的高度

是有回報的。其實花瓶也是讚美啦，起碼肯定了我還是有外貌的。」

對比一下那些被冠以「花瓶」，動不動就黑臉的女星來說，志玲姐姐以這樣溫柔、平和又自嘲的方式回應了最頭痛的問題，真是 EQ 高的大神啊！

身為女明星能夠巧妙應對記者的犀利提問，大概是走好星途的第一步吧。既能夠回答對方的問題，又把對方的嘴堵上，不讓他在私人問題上糾纏下去，確實需要高 EQ 來做支撐，隨機應變，保護自己。

2015 年 6 月 13 日，中國女演員周冬雨在上海電影節上出席新片《冰河追凶》發布會。由於此前周冬雨與戀愛男友度假時忘拉窗簾遭狗仔偷拍，現場，周冬雨被記者提問最多的是「窗簾門」問題，一時好不尷尬，只聽周冬雨機智回應說：「沒想到大家這麼關心一個窗簾的事，我都想開一家窗簾廠了，請記者朋友們來代言。」化解了現場的尷尬氣氛，記者們也隨之笑了起來。

巧妙地逃避記者的刁難，或者是不想回答的私人問題，甚至是自己的醜聞，是大多數明星慣用的手法。因為在公眾場合下，斷然拒絕回答會顯得你不會聊天，也會令對方陷入尷尬之中。

黃曉明和前妻 Angelababy 結婚的時候，記者問黃渤送什麼，他說：「人家什麼都有了，送他一句祝福，暖心的話就可

下篇　EQ 高，
　　　就是有分寸感、會說話，讓人交流舒服

以了。」記者問：「沒紅包啊？」黃渤回：「不知道現場他會不會發。」對話立刻上了新聞，被網友大讚機智。

黃渤的機智對答告訴我們，對於一些私密的不想別人知道的事情，裝糊塗是個好方法。大家都認為紅包是自己送新人的，但我就是要理解成別人發的，反正漢語博大精深，含義廣泛。

在日常生活中，我們也可以學學上面三位明星的機智應對技巧，在不方便直接說答案的時候，透過曲解引申、幽默表達、裝糊塗，將對方的問題引到無關話題上去，然後順著新話題越聊越遠，你就糊弄過去，無須正面回答令你尷尬的問題了。這樣做既保護了自己的隱私，又不會讓對方下不了臺，還不會破壞現場氣氛，一舉多得，何樂而不為呢？

教你一個「萬能認錯公式」

美國著名心理學家、享譽全球的婚戀輔導專家蓋瑞・巧門博士曾說過：「在你的生命中最重要的關係裡，有一種東西是你必須付出的，而且需要勇氣和真誠才能實現，它就是道歉。」道歉不僅僅是一句「對不起」，它是消除怨氣、化解矛盾、促進和諧的「黏合劑」，是增進關係、丈量文明的「尺規」。

蓋瑞・巧門博士在其著作《道歉的五種語言》中明確指出：真誠的道歉不能找藉口，在道歉之後馬上又來個「但是……」，而應該另找時機進行溝通。

第七章　EQ高就是會說話
——說話讓別人舒服的程度，決定你成功的高度

羅德尼和第二個妻子結婚已經3年了，他說：「我知道什麼時候妻子的道歉是真誠的。她會說『對不起，我知道朝你大吼大叫傷害了你』，而且接下來不會指責是我先惹她生氣的。我前妻卻總是把所有的事情都怪在我頭上，說完『對不起』之後總要加上『要不是你先惹我，我怎麼會生氣』之類的話。」

當關係因傷害和憤怒而破裂時，道歉是必不可少的。但道歉切忌畫蛇添足。要道歉就專門道歉，只需坦白承認你傷害了他人或者沒能達到他人的期望就可以了。如果道歉之後又為冒犯行為找藉口，那麼原先的道歉可能就被一筆勾銷了，不管你是有意還是無意的。

一旦我們在口頭上把責任推卸給對方，道歉就變成了攻擊，而攻擊永遠不會帶來寬恕與和解。

愛麗絲和瑪麗是親姐妹，她們之間常常鬧矛盾。兩個人都想處理好關係，但是都不知道怎麼辦才好。

巧門博士問瑪麗：「愛麗絲發完脾氣後會道歉嗎？」

瑪麗點頭說：「會，她每次都會道歉，但最後總會加上一句『我只是希望妳不要再貶低我，我知道我沒妳有學問，但是妳也不能因此就不把我當回事』。你說這算什麼道歉啊？她反倒把所有責任都推到我身上了。」

「我覺得她的自尊心一定掙扎得很厲害。但無論如何，她的道歉更像是對我的攻擊。」瑪麗補充道。

下篇　EQ 高，
　　　就是有分寸感、會說話，讓人交流舒服

　　愛情、親人不是「都怪你」，而是「對不起」；不是「你怎麼能」，而是「我理解」。美滿幸福的家庭生活需要彼此的體諒與支持。同樣，競爭激烈的職場生存也離不開一聲真誠且不帶藉口的「對不起」。

　　一個大學畢業生去參加一場面試，當他遲到了 40 分鐘匆匆趕到時，負責面試的主考官冷冷地質問：「你遲到了整整 40 分鐘，還來做什麼？」他在簡短說明理由之後，說道：「我知道我沒希望了。我來只是想看您還在不在，好讓我當面說聲對不起。」話音剛落，主考官站起來拍了拍他的肩膀說：「你被錄取了。」

　　人與人交往需要一聲「對不起」；道歉可以遲到，但不可「缺席」；以自己的真誠面對社會，社會也會真誠地接納你。

　　在職場中，如履薄冰，不小心做錯了事情或者說錯了話，立即道歉是最好的選擇。不過有些錯誤要爭取到真正的寬恕並沒有我們意識到的那麼簡單，一句簡單的「對不起」並不能發揮作用。

　　下面的「四句話認錯公式」，可以讓我們做到既坦率地承認錯誤，又贏得大家的尊重。

◎ 第 1 步：承認錯誤

　　有責任感，勇於承認已經發生的負面事實。「這個錯誤是我造成的，都怪我粗心大意！」不承認錯誤，除卻信任和擔當問題，也是沒有胸懷和自信的表現。

第七章　EQ 高就是會說話
—— 說話讓別人舒服的程度，決定你成功的高度

◎ 第 2 步：指出正面動機

指出這個錯誤背後的正面動機。注意，你的這個動機必須得是正面的，而不能是一些毀滅性的、非法的、傷害他人的、邪惡的動機。

◎ 第 3 步：描述你從這個錯誤中學到的教訓

反思自己從這個錯誤中學到的東西：改變了你的思想和心理的重要一課。態度有問題就解決態度問題，能力有問題就解決能力問題。

◎ 第 4 步：說明你的積極改變

從錯誤中收穫成長，說說你以後如何積極地去調整自己的行為，使自己成為一個更好的人。

為了使我們更加透澈地理解並有效地運用這個「認錯公式」，這邊列舉了一個例子。

假設由於我工作上的失誤，洩露了公司的機密資料，公司上下都知道是我的錯，他們只是不當著我的面說。一個月以後，我要在管理層面前做一份報告。他們都知道一個月前的那件事，我也知道他們都知道那件事。按照上面講的「四句話認錯公式」，我應該這麼說：

在座的各位主管，在我正式開始報告之前我有些話想說。你們一定都知道上個月發生的那件事了吧。真的對不起，那確實是我的失誤。我自己也不敢相信我當時會那麼

下篇　EQ 高，
　　　就是有分寸感、會說話，讓人交流舒服

蠢，那麼不小心！（1. 承認已經發生的負面事實）

我當時太想幫公司快速完成這個專案，所以走了很多捷徑，而沒有嚴格遵守標準流程，結果使公司的資料洩露了。（2. 指出錯誤背後的正面動機）

但是在我跟 IT 部門和法務部門諮詢過以後，我知道有這麼一套標準流程是用來保護我們公司的資料安全的，我也知道這些資料對公司來說就像血液一樣重要。（3. 描述你從這個錯誤中學到的教訓）

在那件事之後，我跟我們團隊裡的每一個成員說：「如果你們要在公司的電腦上使用 USB 的話，切記，只能使用經過公司檢查批准的 USB。」另外，我也每天按照這個流程檢查公司資料的安全，以保證同樣的事情再也不會發生。（4. 說明你的積極改變）

「四句話認錯公式」特別適用於當你處於逆境的時候。必須強調一下，這個「認錯公式」可不是教大家在犯錯後如何免受指責，而是想讓大家知道，當你犯錯的時候，你可以按照這樣的步驟去處理，仔細規劃你的道歉，選擇恰當的語言和最好的時機。

就像失敗是成功之母一樣，出錯犯錯有時很難避免，但是知道錯誤，勇於認錯，正確對待，努力改善提高自己，做一個得體友好的人，不僅僅對周圍人很重要，對自己也是非常重要的。

第七章　EQ 高就是會說話
──說話讓別人舒服的程度，決定你成功的高度

讓生氣的人笑著息火，才是高 EQ

很多時候，人與人之間的隔閡在於溝通不到位。人們在充滿負面情緒的時候，面對尷尬的時候，有突發事情需要解決的時候，受到刻意刁難的時候，總是會不由自主地拍案而起或大發雷霆。其實，這樣的做法不但不利於解決問題，反而會使問題更加複雜化。

那麼，有沒有一種更好的方式既可以讓人們充分地表達自己，又有利於問題的解決呢？答案是，用幽默的方法表達自己的看法。

一輛疾馳而擁擠的巴士突然急煞車，一位男士不慎撞在了一位女士的身上。該女士認為這位男士在揩她的油，鄙視道：「什麼德性！」罵聲引來眾多好奇的目光，該男士立即用幽默手段化解了尷尬。他是這樣說的：「對不起，小姐。但妳也說得不對，我撞了妳，這不是德性，是慣性！」全車乘客包括這位女士都忍俊不禁，於是人人釋然。

當對方出言不遜時，我們不一定要針鋒相對，用一句幽默而頗含深意的話以巧蓋強，既讓對方意識到自己的態度不好，又巧妙地回擊對方，讓其不能發作又有苦難辯；當別人有意挑釁時，用幽默的方式合理迴避，一場毫無意義的爭執便止於萌芽……

蕭伯納曾說：「幽默就像馬車上的彈簧，沒有它，一塊小

下篇　EQ 高，
就是有分寸感、會說話，讓人交流舒服

石子就讓你很顛簸。」人和人相處，小矛盾、小摩擦、小尷尬在所難免，但具有幽默感的人，往往一句話就可將它們輕鬆化解。

有一次，邱吉爾正在演講，一個青年遞給他一張紙條。邱吉爾打開一看，上面只有兩個字：「笨蛋。」邱吉爾臉上掠過一絲不快，但他很快地恢復平靜，笑著對大家說：「我收到過許多匿名信，全都只有正文，不見寫信人的署名；而今天正好相反，剛才這位先生只署上了自己的名字，卻忘了寫正文。」

幽默不僅是最輕鬆的調劑，也是最高級的防禦，有幽默感的人總能不留痕跡地優雅拒絕，有力反駁。用幽默化解別人的惡意，是高 EQ 的表現，更是一種寬容。

據說，美國的男子寧願自己變成盲人或者少一條腿，也不願意承認自己缺乏幽默感。雖然這種說法很無厘頭，但卻充分展現了幽默的重要性。如果人際交往是一門學科，我得承認，風趣幽默的人必然得高分。

幽默感是 EQ 的重要組成部分，幽默的語言往往給予人詼諧的感覺，使人在笑意中有所領悟。幽默是緩解緊張、祛除畏懼、平息憤怒的最好方法。首先，你要運用 EQ 和 IQ 發現切入點，然後用幽默的話語加以包裝，如此便可打造出一件效能優良的滅火器，幫你把別人或是自己胸中的大火滅掉。

第七章　EQ高就是會說話
——說話讓別人舒服的程度，決定你成功的高度

一位可憐的、嚴肅的省議員覺得受到了別人的侮辱，他怒氣沖天，迫不及待地想報復，但一時又找不到什麼方法。結果，他的行為舉止好像一個小學生一樣幼稚：小學生往往會去找老師告狀，要求老師懲罰他的敵人，這個議員則是去主席那裡申訴。

這位議員來到省議會主席柯立芝身邊，他相信柯立芝一定會替他當場主持公道的。但是，柯立芝卻以一種非常幽默的方式把這件事解決了。

這位議員的糾紛以及柯立芝的解決辦法是這樣的：

當另一位議員在做一個很冗長的演講時，這位議員覺得對方占用的時間太長，就走到對方跟前低聲說：「先生，你能不能快點⋯⋯」話未說完，那位正在演講的議員便回過頭來，用嚴厲的口氣低聲喝斥他道：「你最好出去。」然後仍舊繼續演講。

於是，這位受了委屈的議員走到柯立芝面前說：「柯立芝先生，你聽見那個傢伙剛剛對我說的話了嗎？」

「聽見了，」柯立芝不動聲色地答著，「但是，我已經看過了相關的法律條文，你不必出去。」

這一回答實在是太聰明了。柯立芝把那位議員的憤怒當成了玩笑，而並沒有讓自己捲入這種兒童式爭吵的漩渦中去。如果柯立芝也採取一種較真的態度，那對於大家又有什麼好處呢？無非是更加激化雙方的矛盾。由於採取了一種幽

下篇　EQ 高，
　　　就是有分寸感、會說話，讓人交流舒服

默的語言和寬容的態度，柯立芝大大緩解了那種傷感情的糾紛，從而制止了進一步的爭論。

能從白熱化的僵局中看出其中所包含的幽默成分，就可巧妙地避免麻煩和糾紛，學會這一點對於為人處世來說十分必要。因為在平時，經常會有閨蜜、親戚甚至同事跟你抱怨發生在他們身上的不愉快的事，這時候如果你順著對方一起抱怨那些無聊的雞毛蒜皮的事情，暫且不說對方向你傾倒完苦水後是否能夠心情舒暢，你自己在無意識中接受了那麼多負面資訊，對你的情緒肯定是有影響的。所以，用幽默的話語巧妙地逗對方一笑，不僅自己不用聽那些沒完沒了的抱怨，也能讓對方坦然釋懷，豈不是兩全其美。

幽默是人類獨有的特質。一個能運用幽默平息他人怒氣的人，一定是個有智慧、能包容的高 EQ 者，周圍的人也一定非常願意和你成為朋友。

有些人天生充滿了幽默細胞，但並不是說沒有這種稟賦的人就只能一輩子刻板嚴肅。幽默感是可以透過訓練慢慢培養的。

那麼，透過怎樣的訓練才能培養出自己的幽默感呢？

◎ 累積幽默的素材

如果你不是個能即興幽默的人，不如大量看漫畫和笑話，從中體會幽默的感覺，久而久之，便可自己製造幽默，至少也可運用看來的笑話了。

第七章　EQ 高就是會說話
——說話讓別人舒服的程度，決定你成功的高度

◎ 仔細體會別人的幽默感，然後模仿一番

　　保持愉快的心情，敞開你的心胸，這是幽默感的「土壤」。這就好比讓陽光灑進屋子一樣，去接受各種人和事物，這些人和事物會在你的心中留下痕跡，成為幽默感的酵母。

◎ 與自己幽默

　　幽默大部分都和人有關係，你可以和他人幽默，也可以和自己幽默，但前者不好掌控，因此不如與自己幽默，一方面不得罪人，另一方面也可讓人了解你是個心胸廣大、易於相處的人。

讚美，觀察對方最渴望的部分

　　日常生活中，人們可能都有過這樣的感受：當你誇獎朋友取得的成績時，他會說「你不知道我付出了多少心血」，言語間彷彿有你不知其艱辛、只看結果不看過程的意思。相反，如果你說「真不錯，一定花了你許多心血吧」，他就會很開心，認為你很了解他。其實，很多人做事並不僅僅在乎結果，而是更注重過程。

　　是的，每一次收穫鮮花和掌聲的背後都是數倍於常人的付出，正如冰心所說：「成功的花兒，人們只驚羨她現時的明豔！當初她的芽兒浸透了奮鬥的淚泉，灑遍了犧牲的血雨。」所以，有時候恰當地誇獎對方的辛勞付出比單純誇獎對方取

下篇　EQ 高，
　　　就是有分寸感、會說話，讓人交流舒服

得的成果能達到更佳的讚美效果。換句話說，讚美的話能搔到對方的「癢處」，對方最愛聽，效果也最好。

當你想恭維一個女上司時，與其只誇表面，「M 姐，妳今天這身衣服真漂亮」，倒不如恭維到底，「M 姐，妳今天格外光彩照人，尤其是這種款式和顏色的衣服，特別襯妳的氣質和皮膚。」因為前者誇的只是她的衣服，和人本身沒有太大關係。誇人是有訣竅的。請記住，一定不要讓外在物件蓋住了主人的鋒芒！如果誇不到位，倒不如不誇。

當你要讚賞一位老師的時候，你不妨說：「你的學生××真不愧是你的得意門生啊！現在已經自己出書了。這就是名師出高徒啊！」對於一位老師而言，引以為榮的往往是他教過的學生在社會上很有出息，你對學生的讚美就是對他最大的讚美。

當你面對一位一生都默默無聞但卻將自己的孩子培養成高材生的母親時，你可以對她說：「妳真有福氣啊，兩個兒子都那麼有出息。」她引以為榮的孩子被讚賞，她一定會高興不已。

老年人總希望別人不忘記他「想當年」的業績與雄風，所以，和其交談時，可多稱讚他引以為豪的過去。

跟年輕人交流，你不妨讚揚他的創造才能和開拓精神，並舉出幾點例項來證明他的卓越才幹：「一畢業就自己創業

第七章　EQ 高就是會說話
—— 說話讓別人舒服的程度，決定你成功的高度

了，還成功開拓了三項業務，你真是年輕有為，前途不可限量啊！」

對於經商的人，若恭維他生意興隆，不如讚美他推銷產品的努力，或讚美他的商業手腕，或稱讚他頭腦靈活，生財有道。對於知識分子，可稱讚他知識淵博、思想深入、寧靜淡泊。若對某位明星表達讚美之情時，一句「我最崇拜你」還不如直接誇對方的某個作品如何精采，如何打動了自己⋯⋯

黃渤會誇人在演藝圈是出了名的，厲害的是他誇人不重樣。讚賞對方，從來都是言之有據不空洞，總能觀察到對方最渴望被認可的部分。

電影《親愛的》宣傳期間，黃渤評價搭檔趙薇可以說是滴水不漏。

一開始你覺得老天爺是公平的，後來你發現，其實老天爺也不是太公平，就是為什麼會給一個人如此的外貌，又給了她才華，然後這次又認識到了她的演技，所以說老天爺還是不公平的，我只是想把這種不滿傾訴給她聽。

看旁邊趙薇心花怒放的表情，這就是把人誇得舒服啊！黃渤還很機智地把話題落到自己這裡，「我不是在誇妳，我是在嫉妒妳啊！」

誇完了趙薇，我們再來看看黃渤是如何誇自己的貴人 —— 導演管虎的。2000 年，管虎執導的電視電影《上車，

下篇 EQ 高，
就是有分寸感、會說話，讓人交流舒服

走吧》，第一次把黃渤帶到觀眾眼前。所以說，管虎是黃渤的貴人。

我說管虎那麼一個混蛋，你非給他弄名牌。什麼這個牌子的褲子，那個牌子的襯衣，襯衣領子還豎起來穿，那個邊兒還得挽起來。我說這還是他嗎？慢慢你就把這導演給毀了。他身子裡原來那股混勁，其實是他最寶貴的創作力。

黃渤從來沒有乾巴巴地說，你好好看啊，你好有才啊，你好有演技啊，誇別人都是非常自然的。而且他總能在別人誇自己的時候，巧妙地把對方一起誇了。

上《魯豫有約》（中國談話性節目）的時候，魯豫問他：「現在覺得自己特別火（受歡迎）了吧？」黃渤說：「那肯定啊，都來《魯豫有約》，能坐在這裡跟魯豫聊天了，能不火嗎？」一個回答就能把雙方都誇到了，看看這人說話水準！

別人罵你一句，你回罵他一句，這叫吵架；別人讚美你一句，你回一句讚美，這就叫社交。如果別人讚美你一句，你不只是很禮貌地回說「謝謝」，還把對方也誇一句，那有來有往的對話就順利開始了。

讚美他人，錦上添花固然好，雪中送炭更可貴。一位普普通通的下屬住院了，主管親自去探望時，說了這樣一番話：「平時你在的時候感覺不出你做了多少貢獻，現在沒有你在公司裡，才覺得工作沒了頭緒，慌了手腳，你可一定要安

第七章　EQ 高就是會說話
——說話讓別人舒服的程度，決定你成功的高度

心把病養好啊！」他把下屬當成左膀右臂，讓對方認為自己很重要，這樣的讚美怎麼會不深得人心呢？

通常，當聽到「沒有你可不行」、「只有你是特別的」、「你不來不熱鬧，所以你務必得出席啊」等「非你不可」的言論時，人就很容易被說動、被感動。因為一般人都喜歡「非你不可」的特殊感，聽到這樣的話，就會感到一種僅限自己的優越感，從而樂於回應對方。

上述這些都是恰如其分的讚賞。但如果你誇一個中年婦女活潑可愛、單純善良就會不倫不類，弄不好還會招致一頓臭罵；再比如你讚美老闆發家有方、日進斗金，恐怕你的升遷就渺茫了……

人的地位有高低之分，年齡有長幼之別，所以因人而異、突出個性、符合對方心意的讚美比一般化的讚美能收到更好的效果。

另外，恭維讚美的話一定要切合實際，到別人家裡，與其亂捧一場，不如讚美房子布置得別出心裁，或欣賞牆上的一幅好畫，或驚嘆一個盆栽的精巧。若要討得主人喜歡，你就要注意投其所好：主人愛狗，你應該讚美他養的狗；主人養了許多金魚，你應該談那些魚的美麗……

由此可見，讚美不是一味地奉承說好話。每個人都希望受到別人的關注，會說話的高 EQ 者要學會發現別人身上隱

下篇　EQ 高，
　　　就是有分寸感、會說話，讓人交流舒服

藏的亮點，搔到對方的「癢」處，把讚美的話說到點子上，這樣才能達到最佳的讚美效果。如果人云亦云，那麼你的話在對方看來既乏味又粗糙，甚至會令人生厭，產生相反效果。

說話要投其所好，必要時傲其所惡

日常生活中，人際交往中，關於說話方面，我們需求最多的就是：說服別人。為了達到自己的需求和目的，我們要說服老公、孩子、上司、客戶、同事，甚至陌生人。如果不掌握技巧，說服就難以達到理想效果。

那要怎樣做，才能把 NO 變成 YES 呢？日本頂級溝通專家佐佐木圭一提出：利用「被認可欲」，把對方當作「大人物」，是一種行之有效的說服技巧，特別是用在家人身上，效果極好！

「你把窗戶擦擦！我忙不過來。」妻子對從不做家事的丈夫這樣說，丈夫就會主動擦窗戶嗎？答案當然是「NO」。丈夫會產生被迫做麻煩事的感覺，只想立刻逃開。就算肯擦窗戶，也必定極不情願，會邊擦邊想：「我每天也有工作要做啊。」

在這種情況下，妻子若換一種說法呢？

「你能夠到高的地方，能把窗戶擦得更亮。拜託了！」相信丈夫聽後就會躍躍欲試。

佐佐木圭一提到的這個案例就是利用了人們渴望被別人

第七章　EQ 高就是會說話
——說話讓別人舒服的程度，決定你成功的高度

認可的心理。當然，這樣說並不能保證丈夫百分之百會擦窗戶，但至少在心理上不會令他感到不快。

渴望被別人認可，也可以理解為心理學上的「尊重需求」，即「一個人會做出與他人的期待相對應的行為」。當一個人得到他人的認可，即尊重需求得到滿足，就會產生回應期待的欲望。哪怕是比較麻煩的請求，哪怕是自己很難對付，但欣然接受的機率也會大大提高。這絕對是一個可以讓對方開心、你也滿意的雙贏之法。

佐佐木圭一還提到，同樣的方法也適用於家裡處於叛逆期的三四歲的孩子身上。

兩個人站在變綠的號誌燈下，卻不過馬路，在旁人看來可能顯得奇怪。下田靖子想領著三歲的外甥過馬路，可是外甥不願意牽手，而那條馬路上車來車往，甚至還有大卡車。

「這裡很危險，拉住我的手。」下田說了很多遍，可外甥每次都說「不」，就是不牽手。看來外甥不想被當成小孩子對待，儘管他明明就是個小孩子……

號誌燈又變綠了，可是兩個人仍舊站在原地。下田望著再度變綠的號誌燈嘆氣。突然，她想起換一種說話方式會不會有效呢？

「我一個人很害怕，你能不能拉著我的手一起過馬路？」她反過來把外甥當作大人對待了。結果，外甥很開心地牽住了她的手。下田如願地牽起小外甥的手，放心地過了馬路。

下篇　EQ 高，
　　　就是有分寸感、會說話，讓人交流舒服

　　渴望被認可、被認同、被注重的心理需求，你有，我有，大家有——每一個人都有，哪怕是只有三歲的小孩子！差別只在多或少而已。佐佐木圭一正是利用了我們每個人心內都有的這一需求成功說服了他人。

　　說服是鼓動而不是操縱，說服是影響，而影響是一個優美的過程。如果你把自己想像成一個藝術家，學會在他人的世界裡認識他們、揣摩他們，你就能說服和影響他人，進而實現你的目標，解決你的問題。

　　在 1992 年上映的電影《白玫瑰》(一譯《藍色情人》)中，張曼玉扮演保險業務員錢玫瑰，好不容易見到目標客戶後，對方卻給了她一枚硬幣，說是給她回家的路費。當時她很生氣，在她扭頭要走的一瞬間，她看到客戶的辦公室裡掛了一張小孩的照片，於是她對照片深鞠一躬說：「對不起，我幫不了你了。」客戶大為驚訝，忙問究竟。原來這個客戶最疼愛他的兒子，所以把兒子的照片掛在辦公室裡天天看。

　　錢玫瑰對小孩的照片鞠躬致歉，實際是在向客戶暗示：買保險的意義不只是讓自己多一份健康、平安的保障，更是給家人、給最愛的人多一份安心和愛護。隨後，客戶叫住了錢玫瑰，於是第一單生意就這樣談成了。

　　人人都有被人理解的渴望。站在對方的立場考慮問題，你會發現，你跟他有了共同語言，他的所思所想、所喜所惡都變得可以理解。當我們與被求之人產生了情感共鳴，就能

第七章　EQ 高就是會說話
——說話讓別人舒服的程度，決定你成功的高度

迅速拉近彼此的心靈距離，對方也就樂於幫忙。

錢玫瑰這次之所以推銷成功，就是因為她抓住了客戶的關注點，投其所好，在情感上打動了對方——客戶的辦公室掛著兒子的照片，就說明客戶非常愛自己的孩子，錢玫瑰意識到這個突破口，以此切入，用誠懇的言語觸動對方心中最柔軟的部分，從而消除其抗拒心理，調動其參與程度，對方便高高興興地答應自己的請求了。

投其所好，既是最基本的，也是最管用的說服技巧。與之相對的是「傲其所惡」，這個突破口威力強大，能說動難以說服的人，但有時會顯得帶有強迫性，所以在運用時一定要掌握分寸，注意場合。

優雅的餐廳裡，一幫帶著孩子的媽媽們坐在桌前愉快地聊著天。孩子們大喊大叫著跑來跑去。店員大傷腦筋，和孩子媽媽們商量：「為了不打擾其他客人，可否請您讓孩子坐在座位上呢？」結果，「媽媽幫」瞥了一眼店員，象徵性地朝孩子們喊了一句「別鬧了，快回座位上來」，就若無其事地繼續討論哪個牌子的面膜比較好用了。

店長注意到店裡的吵鬧，聽店員講完情況之後，親自出馬了：「剛做好的菜很燙，如果端出來的時候被撞灑了，會對孩子造成很嚴重的燙傷，可否請您讓孩子回到座位上呢？」什麼？會燙傷孩子，那怎麼行！「媽媽幫」不約而同地全體起身，去拉自己孩子了。

241

下篇　EQ 高，
　　　就是有分寸感、會說話，讓人交流舒服

這，就是僦其所惡的力量。

在這裡告訴家庭主婦們一個好消息，用這個方法還可以讓不愛做家事的丈夫積極地參與年底家庭大掃除呢。方法很簡單，動動口就可以解決：「財不入汙門哦」、「乾淨的房間裡藏著福祿壽喜財哦」……就算是丈夫不迷信風水，也會有很強的「避免失去財運」的意識。想發財？乖乖地先把家裡收拾乾淨吧！

「把交流視為技巧，而非唯心論。」下次開口說服他人之前，我們得知道，說話要投其所好，必要時僦其所惡，這樣你就會得到自己想要的答案。

不失人緣的 N 種拒絕方法

不論是在職場還是在生活中，熱情幫助別人，對別人的困難有求必應，肯定有助於建立融洽的人際關係。但經常會發生這樣的事，即別人求助於你的恰恰是令你感到為難的事。幫忙吧，自己確實有難處，就算勉強答應了對方的要求，萬一做得不夠好，反而還會招來對方的嫌棄或埋怨；不幫忙吧，又怕人家說你的閒話。還有的時候，你必須對別人的提問進行回答，一般說來，肯定的、合乎對方期望的回答往往能使提問者感到愉快，而否定的回答，尤其是直截了當地說「不」，則會使提問者感到失望和尷尬。可見，說「不」

第七章　EQ 高就是會說話
—— 說說話讓別人舒服的程度，決定你成功的高度

需要很大的勇氣。

拒絕，既然是對他人意願或行為的一種間接的否定，那麼當別人對你有所求而你又辦不到，不得已要拒絕的時候，最好用婉言拒絕的方式，不把話說絕，別讓對方感到難為情。與直接拒絕相比，婉言拒絕更容易被人接受，因為它在更大程度上顧全了被拒絕者的顏面。

一位作家在教大家如何高 EQ 地好好說話的文章中，就提到了「包裝」拒絕的一個絕招 —— 拒絕別人，可以先自責。

比如很多人找我約稿，我就會說「我人品特別差，是個超級拖延狂，經常放鴿子。我對你最負責任的做法，就是不接這個稿子，真的，請諒解」。別人只好說「好吧，那以後有機會再合作」。

在對方提出請求後，不要馬上回答，而是先講一些理由誘使對方自我否定，自動放棄原來提出的請求，以減少對方遭到拒絕後的不快。用蔡康永先生的話說，就是「說『不』的時候，盡量怪自己，把責任歸在自己頭上」。

「子玉，可以幫我拿電腦去修嗎？」

如果子玉直接回答「呃，沒辦法耶！不好意思」，聽起來就有點粗魯無情，雖然把意思挑明了，但確實會把氣氛搞僵。若換一種方式說「不」就會好很多了：「啊，妳看我有多

下篇　EQ 高，
　　　就是有分寸感、會說話，讓人交流舒服

會拖！老闆叫我早上發的報告，我現在還沒打完！我死定啦！等我先度過這個難關再說哦！我真是有夠慢的！」

這樣把破局歸咎於自己的罩不住，雖然似乎委屈了自己，但一方面對方有臺階可下，另一方面，你只是多用五秒說一句話，就免去了送修電腦的奔波，是非常划算的啊！

說「不」這件事，真的很為難。上述這些拒絕方法確實方便好用不會得罪人，值得我們每一個人借鑑。

還有黃渤的「一邊捧著一邊拒絕」的方法，效果也非常好。

作為《西遊‧降魔篇》的監製、編劇和導演，周星馳在找黃渤演孫悟空的角色時，黃渤感覺周星馳扮演的至尊寶（在《大話西遊》裡面，至尊寶是孫悟空的轉世）已經深入人心，多次拒絕。當時，黃渤給周星馳的回覆是這麼說的：「您這座山太高了，我翻不過去。」

拒絕別人是最難的，特別考驗 EQ，但像黃渤這樣，一邊捧著一邊拒絕，讓人不原諒你都難。

拒絕別人，如果處理得不好，很容易影響彼此的關係，所以拒絕別人的時候最好繞個彎說出你的「不」。人都是有自尊心的，一個人有求於別人時，心裡難免會惴惴不安，如果你一開口就說「不行」，勢必會傷害對方的自尊心，引起對方強烈的反感。如果不明說但話語中讓他感覺到「不」的意思，

第七章　EQ 高就是會說話
—— 說話讓別人舒服的程度，決定你成功的高度

從而委婉地拒絕對方，就能夠收到良好的效果。所以，掌握好說「不」的分寸和技巧就顯得很有必要。

◎ 找個人替自己說「不」

拒絕別人的話之所以難以說出口，主要是因為擔心傷害彼此的關係。其實，有的時候你根本不用絞盡腦汁去想那些拐彎抹角的拒絕方式，只需要將事情無法達成的原因轉移到第三者的身上，即借用「別人的意思」拒絕對方，來表明自己心有餘而力不足。既然是由於第三者的阻礙而無法達成，自然不會傷害你們兩人的感情。這種方法看似推卸責任，卻很容易被人理解：既然愛莫能助，也就不便勉強。

某造紙廠的業務員去某大學推銷紙張，他找到自己熟悉的總務處處長，懇求對方訂貨。總務處處長彬彬有禮地說：「實在對不起，我們學校已和另一家造紙廠簽了長期購買合約，學校明確規定不再向其他任何公司購買紙張了，我也只能按照規定辦。」

這樣一說，拒絕對方就不是總務處處長的意思，他把責任全部推到了「學校」那裡 —— 學校的規定，誰也無法違反。事情就是這麼簡單。

所以，我們每個人都可以在必要時虛構一個「後臺主管」，把自己的意願歸到他身上，適當地弱化自己的地位，表現出一種對決策的無權控制，拒絕效果就會立竿見影。

下篇　EQ 高，
　　　就是有分寸感、會說話，讓人交流舒服

◎ 透過幽默的話拒絕別人

在拒絕別人的時候加入一些幽默，不僅不會讓對方感到難堪，而且你心裡也不會有太多的壓力和內疚。

網路上看到一個笑話，當中的機智老爸用幽默話語瞬間化解了一場「經濟危機」：

剛剛傳訊息給老爸，說到最近臨近放假，手頭有點吃緊，快點派發 1000 大洋來賑災。過一會兒，戶頭提醒到帳 100，還附加一條留言：「你說你都是讀大學的人了，100 都不會寫，還多加個 0，以後要記得好好讀書。」

◎ 用答非所問的方式，婉拒對方的建議

例如，一位朋友邀請你星期天去看電影，你不想去時可以回覆他說：「划船也不錯，我們去公園划船吧。」這樣一來，對方一聽就知道你不想答應他的邀請。

◎ 拖延回答

例如，一位友人對你說：「你今晚到我這來玩吧！」你不想去時可以說：「今天恐怕不行了，改天我一定會去的。」這樣的話聽起來比「沒空，去不了」的回答，更易於被對方接受。至於下次什麼時候來，其實也並沒說清楚。

第七章　EQ 高就是會說話
——說話讓別人舒服的程度，決定你成功的高度

◎ 先揚後抑

對於別人的一些想法和要求，你可以先找出其中你同意的部分加以肯定，然後再表達你的反對意見。這樣既不會傷害對方的感情，也將自己的想法表達了出來。

電子書購買

爽讀 APP

國家圖書館出版品預行編目資料

EQ 演化論，先「認識自己」才能走出情緒困境：自我覺察 × 避免主觀 × 轉換話題 × 接受失誤，把脾氣調成靜音，別被一時的壞心情毀壞溝通！/ 陳江 著 . -- 第一版 . -- 臺北市：樂律文化事業有限公司，2024.12
面；　公分
POD 版
ISBN 978-626-7552-92-6(平裝)
1.CST: 情緒管理 2.CST: 人際關係 3.CST: 溝通技巧
176.52　　　　　　　113018033

臉書

EQ 演化論，先「認識自己」才能走出情緒困境：自我覺察 × 避免主觀 × 轉換話題 × 接受失誤，把脾氣調成靜音，別被一時的壞心情毀壞溝通！

作　　　者：陳江
責任編輯：高惠娟
發 行 人：黃振庭
出 版 者：樂律文化事業有限公司
發 行 者：崧博出版事業有限公司
E - m a i l：sonbookservice@gmail.com
粉 絲 頁：https://www.facebook.com/sonbookss/
網　　　址：https://sonbook.net/
地　　　址：台北市中正區重慶南路一段 61 號 8 樓
8F., No.61, Sec. 1, Chongqing S. Rd., Zhongzheng Dist., Taipei City 100, Taiwan
電　　　話：(02) 2370-3310　　傳　　真：(02) 2388-1990
律師顧問：廣華律師事務所 張珮琦律師
定　　　價：350 元
發行日期：2024 年 12 月第一版
◎本書以 POD 印製
Design Assets from Freepik.com